Rut Björkman: Der Weg zur wahren Menschwerdung

Rut Björkman

Der Weg zur wahren Menschwerdung

– Die unterbrochene Menschwerdung –

Aquamarin Verlag

Das Titelbild zeigt einen Ausschnitt eines Gemäldes
von Heita Copony.

1. Auflage 1986

Voglherd 1 · D-8018 Grafing

ISBN 3-922936-47-4

Herstellung: Jürgen Mayer KG · Haunwang 1 · 8311 Eching

Inhaltsverzeichnis

I

Schöpfung und Erlösung

1. Der Schöpfergeist

Der Mensch bleibt in sich gespalten, mit seinem Leben aus seiner Willkür und Vergänglichkeit unzufrieden und aus seinem Unbewußten von Kräften beunruhigt, die keinen Einlaß in sein Bewußtsein finden, bis auf den Tag, wo er sich dessen bewußt wird, daß er als Geschöpf Träger schöpferischer Energien ist, die auf seine Annahme warten. Es ist der Schöpfergeist in ihm, aus dem er hervorgegangen ist, der nicht von ihm erkannt wird, nicht in sein Leben einbezogen ist, der ihn beunruhigt und bedrängt. Solange der Mensch sich nicht selbst erkennt als diese Kraft in Offenbarung, und solange er sich nicht zu ihr bekennt, bleibt er ohne den ersehnten Frieden und ohne die Freude im Geist des Schöpfers, aus dem er geschaffen ist, und der allein seine Menschwerdung bewirken kann.

Die Not des Menschen in der Sonderung von dieser Kraft des Schöpfers in seiner Schöpfung ist eine Heimsuchung, ist zu verstehen als das untrügliche Zeichen, daß ihm etwas zum Leben fehlt, er nicht seine Ganzheit erreicht hat und einem Zustand der Selbstentfremdung zum Opfer gefallen ist. Wäre der Mensch vorgedrungen zu seiner Wahrheit, die diese Kraft des Schöpfers in ihm ist, und lebte er in ständiger Anbetung ihrer Gegenwart, so würde diese Kraft sich in ihm auswirken und ihn von einer Stufe der Entfaltung zur anderen tragen. Er würde in die Menschwerdung nach dem Willen des Schöpfers hineinwachsen, und von ihm würden die Kräfte des von Gott ausgehenden Lebens ausströmen.

Dieser Zustand der Bewußtwerdung der Kraft des Schöpfers in seiner Schöpfung und ihre Annahme, würden den Menschen in Christus, den schöpfergeist-erfüllten Menschen offenbaren. Erst wenn der Mensch von sich bekennen kann: *„Ich und der Vater sind eins, wer mich sieht, der sieht den Vater, der mich gesandt hat"*, hat er die Wiedergeburt erreicht, von der Jesus lehrte, ohne sie könnten wir Gott, den Schöpfer, nicht sehen, nicht wahrnehmen. Deshalb seine unermüdliche Aufforderung an uns alle zur Umkehr zum Reich Gottes und zur Einkehr in dieses Reich, in die Kraft des Schöpfers in unserer Schöpfung, auf daß wir teilhaftig werden können des ewigen, des von dem Schöpfer ausgehenden Lebens. Ohne die Wiedergeburt, ohne den Durchbruch zu unserer spirituellen Wirklichkeit, zu Christus in uns, bleiben wir unter dem Fluch der Selbstentfremdung und des Irrens im Vergänglichen. Wir gehen, ohne unseren geschöpflichen Sinn zu erfüllen, die Kraft des Schöpfers in uns zu offenbaren, zugrunde.

Aus diesem Zustand der Sonderung von unserem Ursprung entstehen alle unsere Nöte, Verhängnisse, Krankheiten und Entartungen. Wir leiden, weil wir nicht *leben,* weil wir nicht jenes Leben ausstrahlen, das Gott uns gegeben hat – das ewige Leben. Wir leben, eingeengt in unserer Vergänglichkeit und spielen uns als Schöpfer unseres Lebens auf, anstatt unsere geschöpfliche Abhängigkeit von der Kraft, aus der wir geschaffen sind, zu erkennen und nach ihren Weisungen zu leben. Wir werden in eine Menschheit hineingeboren, die in einer sie verderbenden geschöpflichen Verkehrtheit verharrt und sich im Recht fühlt, mit ihrem Leben willkürlich umgehen zu können. In dieser Verkehrtheit werden wir erzogen, und wir ernten – wie die Geschlechter vor uns – die Folgen dieser Verkehrtheit und halten es auch noch für zum Los des Menschen in dieser Welt gehörend, zu leiden und Leid zu verursachen. Wir gehen nicht in unsere Not hinein, um zu erforschen, was uns not tut, wir nehmen sie stumpf hin als ein unvermeidbares Schicksal dieser Menschheit, der Not, dem Verderben und Krankheiten ausgeliefert zu sein. Wenn wir auch bestrebt sind, mit unserem willkürlichen Geist Mittel und Wege zu finden, unsere Nöte zu überwinden und bekämpfen zu können, so bleiben wir doch unter dem Fluch des seiner Wahrheit entfremdeten Geschöpfes, solange wir nicht ausgerichtet leben auf die Kraft des Schöpfers in uns und uns nicht nach ihren Weisungen richten.

An diese geschöpfliche Verkehrtheit hat diese Menschheit sich so gewöhnt, daß sie glaubt, es gehöre zum Los ihres Lebens, immer wieder unter dem Fluch des Verderbens zu leben und Krankheiten, Entartungen und Unmenschlichkeiten ausgesetzt zu sein. Sie nimmt es hin, keine Mittel zu finden, ihre Gesundheit zu erhalten, Opfer ihrer eigenen Gottlosigkeit zu werden, ihr entrinnen zu können. Sie begreift nicht, daß das, was sie leiden läßt, ihre Sonderung von der Kraft des Heiligen in ihr selbst ist, ihre spirituelle Wirklichkeit, Christus in ihr. Hier in ihrer eigenen Schöpfung, in der die Kraft des Schöpfers west, um sie zu vollenden, liegt die Erlösung aus aller Not ihrer Gottlosigkeit; denn was wir mit Gottlosigkeit bezeichnen, ist der Mangel an Verbindung mit dem Schöpfer, der allein zuständig ist für die Vollendung unserer Schöpfung.

Solange diese Spaltung zwischen innen und außen, zwischen dem Schöpfergeist und seinem Geschöpf Mensch währt, bleibt der Mensch ein Opfer des Mangels an diesem Geist, und damit verfehlt er seine Menschwerdung. Alles, was er auch Großes leistet aus sich selbst, alle Errungenschaften seines willkürlichen Geistes, stehen unter den Mächten der Vergänglichkeit, und sie vermögen nicht, seine Menschwerdung, wie sie der Schöpfer gewollt hat, zu bewirken. Erst der Mensch in Christus, der schöpfergeist-verbundene und -erfüllte Mensch, ist der wahre Mensch. Von ihm gehen die Kräfte des Heils aus. Allein seine Gegenwart wirkt sich auf alles Lebendige um ihn heilend aus, und die darin wirkenden Kräfte sind erweckend und erneuernd. *„Wer in Christus lebt, ist gerecht"*, er ist vor dem Schöpfer richtiggestellt, und er strahlt seine Kräfte aus. Deshalb gibt es keine größere und für unser Leben wichtigere Aufgabe als die Aufforderung, Christus anzunehmen, uns der in unserer Schöpfung wirkenden Schöpferkraft bewußt zu werden und auf sie ausgerichtet zu leben.

Die frohe Botschaft Jesu von der Anwesenheit dieser Kraft Gottes in unserer Schöpfung muß von uns aufgenommen werden, und wir müssen ständig in Liebe und Anbetung dieser Kraft zugewandt leben. Wir haben keine Alternative für unser Heil, sondern nur ein Entweder-Oder. Entweder bleiben wir bestrebt, mit unserem Geist einen Weg des Heils zu finden und erleben ständig Enttäuschungen, oder wir wenden uns nach innen und verbinden uns mit der Kraft des Schöpfers und lassen diese Kraft in uns zur Herrschaft kommen. Dann beginnt unsere Menschwerdung, und wir erleben die Entbindung der in uns wesenden Schöpferkräfte und werden zu ihrer Offenbarung; denn wer kann den Schöpfer offenbaren, wenn nicht Er allein! Die Hinwendung zu seiner unerschöpflichen Kraft in uns und um uns und deren Anbetung machen uns erst wahrhaftig lebendig und vollmächtig.

2. *Selbstentfremdung*

Der Glaube an Gott kann sich erst dann für uns heilend und erlösend auswirken, wenn es der Glaube an die in unserer Schöpfung anwesende Kraft des Schöpfers ist, und wir diese Kraft an uns heranbeten, sie täglich in unser Bewußtsein heben. Wir sind diese Kraft in Offenbarung. Sie hat uns zusammengefügt im Mutterleibe und hat uns wachsen lassen, bis wir in die Welt hinausgeboren wurden, um in dieser Kraft zu verbleiben, auf daß sie ihr begonnenes Werk fortsetzen kann und unsere Menschwerdung bewirkt nach ihrer Weisheit, ihr zur Offenbarung. Aber wir werden in eine Menschheit hineingeboren, die sich der Anwesenheit dieser Kraft des Schöpfers in ihr nicht bewußt ist, sondern diese Schöpfung Gottes in den Dienst ihrer Willkür stellt und dadurch selbst ihre Menschwerdung, wie sie der Schöpfer gewollt hat, unterbricht. Anstatt von der Umwelt ausgerichtet zu werden auf diese Kraft des Schöpfers in uns, werden wir verurteilt zum Dienst an den hier herrschenden Vorstellungen vom Sinn des Lebens, und so setzen wir den Weg des verlorenen Sohnes fort und sterben, ohne unseren geschöpflichen Sinn erfüllt zu haben, gehen als verpaßte Inkarnationen des Schöpfers davon.

Aus diesem Zustand einer uns verderbenden Bewußtlosigkeit gegenüber der Kraft des Schöpfers in unserer eigenen und der Welt Schöpfung, müssen wir erlöst werden durch das Aufwachen zu der Erkenntnis dessen, daß wir – wie alles Geschaffene – diese Kraft in Offenbarung sind und unser Glaube an diese Kraft sowie unsere Hinwendung zu ihr, die Voraussetzung schlechthin für unsere Menschwerdung nach der Weisheit dieser Kraft sind. Die Entdeckung dieser Kraft des Schöpfers in der

Gesamtheit unserer Schöpfung und ihre tägliche Anbetung sind für uns alle das allein Not-wendende. Wir müssen ruhen in Gott, dem Ursprung und Urheber allen Lebens, oder wir bleiben verurteilt zum fortdauernden Unglück des verlorenen Sohnes.

Die Notwendigkeit dieses Ruhens in der Kraft des Schöpfers und unser Leben nach ihren Weisungen sind von uns noch nicht erkannt worden, als der Weg hinaus aus den Irrungen unserer Selbstentfremdung. Wir setzen den Weg unserer Willkür fort und bemühen uns, unseren Geist zu entfalten, hoffend, daß er uns aus der Not herausführen wird. Aber unser Geist, in seiner Sonderung vom Schöpfergeist, bleibt unfähig, unsere Menschwerdung zu bewirken. So stürzen wir immer tiefer in das Unheil unserer Gottlosigkeit hinein und erleben, wie wir verderben und entarten, ohne unseren geschöpflichen Auftrag zu erfüllen, ohne unserer Welt zum Heil zu werden. Wir erkennen nicht unsere Wahrheit als in der Kraft des Schöpfers wesend, und wir tragen die Folgen davon in Entartung und Unmenschlichkeit und erleben, wie wir wider Willen zum Unheil unserer Welt werden.

Ich bin, das Sein in uns, die Kraft, aus der wir entstanden sind, ist unser Weg, unsere Wahrheit und unser Leben. Unsere Unwissenheit um die Bedeutung dieser Kraft des Schöpfers in uns und unsere Gleichgültigkeit gegenüber ihren Forderungen verurteilen uns zu diesem Not und Verderben zeugenden Pseudo-Leben, das wir führen. Unsere Menschwerdung bleibt unterbrochen, die Erfüllung unseres geschöpflichen Sinns kann nicht zustande kommen, solange wir nicht aufwachen und unsere geschöpfliche Stellung dem Schöpfergeist gegenüber erkennen, um uns mit Ihm zu verbinden, damit er seine angefangene Schöpfung fortsetzen und sich selbst durch uns offenbaren kann. Aufgrund unserer Sonderung von diesem Geist in uns und unserem Verbleiben in unserem willkürlichen Geist, Diener der Gottlosigkeit dieser Menschheit, bleiben wir unter den Nöten eines seiner Wahrheit entfremdeten Menschen.

Die Liebe zu unserer eigenen wunderbaren Schöpfung und die Liebe zu allem Geschaffenen um uns, in der Erkenntnis, daß wir hier in der Gegenwart des Schöpfers stehen, ist das Geheimnis der Erneuerung unseres Lebens. Wir müssen Gott in allen Dingen lieben, um von seiner Kraft belebt zu werden. Die Lieblosigkeit der Menschen ist eine Folge ihrer Unkenntnis um ihre eigene und der Schöpfung Wahrheit – als wurzelnd in Gott, dem Schöpfer. Sie leben nicht aus Gott, sondern aus ihrem willkürlichen Geist und isolieren sich dadurch selbst, schneiden sich ab von der Kraft, aus der alles Leben fließt, werden gottlos als von dem Leben selbst gesondert.

Welche Irrwege muß der Mensch noch gehen, und welchen Nöten und Verderbnissen, Krankheiten und Entartungen muß er noch ausgesetzt werden, bis er den Weg zurück zum Ursprung seines Lebens findet und sich in Liebe mit Ihm verbindet, in allen seinen Offenbarungen. Nur in der Liebe zu Gott, aus der Erkenntnis, daß Gott alles in allem ist, können wir das wirkliche als das gotterfüllte Leben erreichen und ständig in der lebenspendenden Verbindung mit seiner nie aussetzenden Gegenwart leben. Nicht die Anbetung der uns überlieferten Vorstellungen von einem Gott in fernen Himmeln läßt uns gotterfüllt werden, sondern allein die Anbetung seiner in unserer Schöpfung manifestierten Schöpferkraft und die Hinwendung und Liebe zu allem Geschaffenen um uns.

Wir leben erst dann das uns von Gott zugedachte Leben, wenn wir in Gottes Kraft in uns ruhen und diese Kraft durch uns zum Heil unserer Umwelt vermitteln. Da Gott unser Schöpfer und Vollender ist, so müssen wir in der Sonderung von Ihm, in der Bewußtlosigkeit gegenüber seiner Gegenwart, dem Fluch eines Teil-Lebens im Vergänglichen ausgeliefert werden und unfähig bleiben, unsere geschöpfliche Aufgabe zu erfüllen, als Gottes Kraft und Weisheit ausstrahlende Geschöpfe. In Gott zu leben, heißt in der Kraft Gottes in uns zu leben, heißt uns zu verbinden mit dem Ewigen in uns, das uns ständig erneuert und belebt. Wir sind diese Kraft in Offenbarung, sie ist ständig anwesend in uns, aber solange wir nicht anwesend in ihr sind, bleiben wir unter dem Verderben einer unterbrochenen Schöpfung.

3. *Schöpfung*

Der Mensch in Christus ist der Mensch, der seine Mitte, sein Zentrum, gefunden hat und erkennt, daß nur die Hinwendung zu der Kraft des Schöpfers, aus der er hervorgegangen ist, seine Menschwerdung bewirken kann. Läßt er den Schöpfer durch sich wirken, lebt er nach den Weisungen des Absoluten in sich, so steht er in der Entfaltung des von dem Schöpfer gewollten Menschen, des himmlischen Menschen, der über allen und allem ist. Dieser Mensch hat aufgeleuchtet im Leben der spirituell lebendigen Menschen, und sie haben uns die Verheißung gegeben, daß wir in uns die Kraft des Schöpfers tragen und deshalb befähigt sind, nach seinem Willen Menschen zu werden, Ihm zur Offenbarung. Es bedarf zu unserer Menschwerdung nur des Bewußtseins für diese Kraft in uns, die Christus ist, der Schöpfergeist, und unserer fortwährenden Ausrichtung auf sie. Die Aussage dieser Kraft bleibt für alle Zeiten gültig: „*Wer in mir bleibt und ich in ihm, der trägt viel Frucht, denn ohne mich könnt ihr nichts tun.*" Hier geht es allein um die Einheit zwischen dem Schöpfergeist und seinem Geschöpf Mensch, es geht um die Herrschaft des Schöpfers über das aus seiner Kraft entstandene Geschöpf, damit es vollendet werden kann. Das Geschöpf kann sich nicht aus sich selbst heraus Sinn und Ziel geben, ohne der Sinnlosigkeit zu verfallen. Die Aufgabe des Geschöpfes ist es, in der Einheit mit der Kraft des Schöpfers zu verbleiben, aus der es hervorgegangen ist, auf daß diese Kraft sich hier kundtun kann. Die Selbstoffenbarung des Schöpfers in unserer Welt geschieht durch seine Schöpfung, und hier steht der Mensch an erster Stelle, weshalb das Chaos in der Welt unvermeidlich eintritt, wenn der Mensch aus seiner Wahrheit, die Gott ist, herausfällt.

Diese Notwendigkeit der Offenbarung des aus Gottes Gegenwart in sich lebenden Menschen, soll diese Welt ihre Heiligkeit erreichen, haben wir noch nicht erkannt. Wir leben als Menschheit außerhalb des Bewußtseins für unsere Abhängigkeit von dem Schöpfergeist, um das wirkliche Leben zu gewinnen. Wir werden nicht ausgerichtet auf das Göttliche in unserer Schöpfung und begreifen nicht, daß das, was der Schöpfer angefangen hat, nur von seiner Kraft in uns vollendet werden kann. So kommen wir unter den Fluch des verlorenen Sohnes und erleben, wie wir unseren von Gott gewollten Sinn nicht erfüllen und nicht beitragen können zur Verwirklichung seines Reiches in dieser Welt, solange wir seine Schöpfung, die wir sind, in den Dienst unserer Willkür stellen, uns das Recht nehmen, daraus zu machen, was wir wünschen und wollen. Wir leben nicht in dem Bewußtsein unserer Seele als unserer spirituellen Wirklichkeit, sondern wir leben verhaftet unserer eigenen und der Menschheit willkürlichen Geistigkeit und verfallen so einer geschöpflichen Verkehrtheit, die uns dem Verderben und der Sinnlosigkeit anheimfallen läßt. Der Mensch, von Gott gewollt, kommt nicht hervor. Das ist die Ursache aller Not und aller Unmenschlichkeit, die wir ernten, daß wir nicht auf die allein menschbildende Kraft des Schöpfers in uns ausgerichtet leben und uns nicht von ihr bewirken und bestimmen lassen. Wir leben gottlos, von der Kraft, aus der wir entstanden sind, getrennt, und so nehmen wir die Herrschaft über diese Schöpfung Gottes in die eigene Hand, verfahren mit ihr nach Gutdünken, ohne die Hinwendung zu ihrer Gegenwart in uns, ohne Ehrfurcht gegenüber ihren Weisungen. Damit sind wir bereits aus der Möglichkeit der Menschwerdung, wie sie der Schöpfer gewollt hat, herausgefallen, und unsere Entwicklung als Kinder Gottes, Erben ewigen Lebens, ist unterbrochen. Wir entfalten den

Pseudo-Menschen, der sich selbst und der ihm anvertrauten Schöpfung zum Unheil werden muß, weil er in sich unheil ist. Könnten wir doch erkennen, auf welche Weise unsere Nöte und Verderbnisse, unsere Krankheiten und Entartungen eine natürliche Folge unserer Sonderung von dem Heiligen in uns sind und aufgehoben werden können, wenn wir uns nach innen wenden und uns in Liebe und Ehrfurcht mit der Kraft des Schöpfers in uns verbinden! Es ist unsere geschöpfliche Situation, die uns unlösbar von der Kraft des Schöpfers und ihrem Wirken in uns abhängig macht, sollen wir Menschen werden nach seiner Weisheit. Der Gott liebende und mit Gott verbundene Mensch wirkt aus seiner Willkür nichts, sondern er horcht auf die Weisungen des göttlichen Ursprungs und gehorcht ihnen. So wächst er von Stufe zu Stufe hinein in die Macht seiner Urbeziehung zum Schöpfer und entfaltet den von Gott gewollten Menschen, den Menschen in Christus, den schöpfergeist-erfüllten Menschen.

Außerhalb unserer Wahrheit zu leben, die der Geist des Schöpfers in uns ist, muß uns unter den Fluch einer unterbrochenen Schöpfung stellen und uns der Sinnlosigkeit ausliefern. Als Geschöpfe können wir uns keinen Sinn von uns aus geben, ohne den von dem Schöpfer gewollten Sinn zu verlieren und damit der Sinnlosigkeit anheimzufallen. Erst mit dem Erwachen zu Christus in uns und durch unsere Einswerdung mit Ihm, werden wir im eigentlichen Sinne lebendig und wirken uns zum Heil allen Lebens um uns aus.

4. Erlösung

Die Tatsache, daß der Mensch noch nicht Mensch wird im Sinne des Schöpfers, Ihm zur Offenbarung, zeugt von seiner Sonderung von der Kraft Gottes in seiner Schöpfung. Mit dieser Kraft verbunden zu leben, bewirkt erst die wahre Menschwerdung. Ohne das Bewußtsein für ihre Gegenwart und ohne die Ausrichtung auf das Gewisse und Absolute in uns, bleibt diese Schöpfung Gottes, die wir sind, unter dem Verhängnis der Gottlosigkeit, der spirituellen Unlebendigkeit. Wir entfalten dann ein ohnmächtiges, verderbliches Teil-Leben aus den begrenzten Mitteln unseres Geistes, ohne Verbindung mit dem Schöpfergeist, und wir werden unfähig, unseren geschöpflichen Sinn zu erfüllen, Ihn zu offenbaren.

Dieser Zustand der Sünde, als der Sonderung von dem Heiligen in uns, ist zur Natur des Menschen geworden, und er glaubt, es gehört zu seinem Los in dieser Welt. Er findet sich stumpf damit ab und spricht von der Unvollkommenheit der Schöpfung, von seiner Gottferne, als wäre dieses die Strafe für den Sündenfall des ersten Menschenpaares. Generation auf Generation geht der Mensch den gewohnten Weg der Geschlechter vor ihm, und er bleibt in seiner Bewußtlosigkeit gegenüber seiner Wahrheit als Kraft des Schöpfers in seiner Schöpfung. Dadurch hat er die Verbindung mit dieser allein menschbildenden Kraft des Schöpfers in sich verlassen, und er erlebt die Folgen davon in Not auf Not. Diese Not seiner Existenz, ohne Hinwendung zu der Kraft des Schöpfers, aus der er hervorgegangen ist, nimmt ständig zu, und sie liefert ihn dem Verderben und der Entartung aus, bis er seine Wertlosigkeit erkennt und anfängt, den Weg zurück zum Ursprung zu gehen. Das ist der Augenblick des Zusammenbruchs des seiner Wahrheit entfremdeten Geschöpfes Mensch, das die Aussichtslosigkeit seiner Lage erkennt und die Umkehr zu dem Urheber und Ursprung seines Lebens vollziehen möchte.

Wie diese Umkehr noch zu erreichen ist und wie der Mensch zur Selbsterkenntnis erwachen wird, bleibt uns noch verborgen. Die Entfremdung von seiner Seele ist bereits so groß, daß der Mensch den Weg zu ihr nicht mehr kennt. Er sehnt sich nach Erlösung aus seiner Gefangenschaft in der Vergänglichkeit, aber es gibt keine Führer heraus aus den Verstrickungen einer gottlosen Menschheit. Alle Versuche, selbst die Wege und Mittel vorzuschreiben, die ihn erlösen, bleiben vergebens. Als Geschöpf kann sich der Mensch nicht selbst den Weg ausdenken, der ihm das Heil bringt, denn das Heil liegt in der Kraft des Schöpfers in seiner Schöpfung, und hier muß sie erkannt und angenommen werden. *„Die Ehrfurcht vor Gott ist aller Weisheit Anfang."* Aber noch erkennt der Mensch nicht seine geschöpfliche Abhängigkeit von dem Schöpfer, aus dessen Kraft er geschaffen ist, und er wird nicht von Kindheit an auf diese Kraft ausgerichtet. Er bleibt dem Wahn verhaftet, es komme auf die Aktivierung seines Geistes an, soll der Sinn seines Lebens erfüllt werden.

Es gibt keine Möglichkeit für den Menschen als Geschöpf, sich selbst aus seiner Willkür heraus Sinn und Ziel zu geben, ohne der Sinnlosigkeit anheimzufallen. Was der Schöpfer geschaffen hat, kann nur von seiner Kraft vollendet werden. Es ist diese Erkenntnis, die uns fehlt, und solange wir ohne Gotteinigkeit leben, bleibt unser Leben ein Stückwerk, und sein Sinn geht nicht auf. Obwohl wir durch die frohe Botschaft Jesu von dem Reich göttlichen Seins in uns den Weg gezeigt bekommen, wo unser Heil liegt, so wurde diese Botschaft für uns unfruchtbar durch ihre Mißdeutung, durch die sogenannte christliche Religion. Wir werden durch ihre Lehren auf Jesus ausgerichtet und erwarten von ihm unser Heil, glauben, er habe uns durch seinen Kreuztod mit Gott versöhnt. Aber wie kann die Versöhnung mit unserer Wahrheit, die Gottes Kraft in uns ist, auf eine andere Weise geschehen als durch unser Aufwachen zu dieser Kraft in uns und durch unsere Hinwendung zu ihr? Die sich christlich nennende Religion beweist durch ihre unmenschliche und gottlose Geschichte ihre grundsätzliche Unwissenheit um das Geheimnis Christi, dem Geheimnis unserer Urbeziehung zum Schöpfer und um die Notwendigkeit unserer Einheit mit Ihm. Sie richtet uns nicht aus auf dieses Göttliche in uns, sie öffnet uns nicht den Weg zu Christus in uns, sondern sie fordert uns auf zum Glauben an ihre Vorstellungen des Evangeliums Jesu und zum Dienst an ihnen und verhindert so unser Aufwachen zu Christus in uns.

So bleibt unsere Menschwerdung weiterhin unterbrochen, und alle unsere Anbetung des Erlösers Jesus hält uns in Unwissenheit um den wahren Erlöser, der Christus in uns ist. Wir können Gott nicht erreichen, wenn nichts Göttliches in uns west, wir können nicht auf die Erlösung hoffen, solange unsere Wahrheit in uns gebunden liegt. Diese Wahrheit ist Christus in uns, die allein menschbildende Kraft des Schöpfers. Christus in uns, das ist das große Geheimnis, das, wenn es erkannt wird, unsere Menschwerdung bewirkt.

5. *Leben*

Solange der Mensch nicht mit sich selbst im Wesenhaften Umgang hat, solange er nicht die Stille übt, in der seine Seele als seine spirituelle Wirklichkeit mit ihm ins Gespräch kommt, so lange ist seine Entwicklung unterbrochen. Er entfaltet dann aus seinem willkürlichen Geist ein Teil-Leben, das ihn zum Verderben und zur Sinnlosigkeit verurteilt. In diesem Zustand wird sein Wirken in der Welt zum Unheil, weil der Mensch nicht aus seiner Heilheit lebt. Der heile Mensch ist der Heilige, der die in seiner Schöpfung wesende Kraft des Schöpfers aussendet, damit seinen geschöpflichen Sinn erfüllend.

Dieser Mensch ist ein Mensch der Ehrfurcht vor dieser Schöpfung des unsichtbaren Schöpfers, die er ist, und je inniger seine Hinwendung und seine Liebe zu dieser Kraft des Ursprungs sind, um so lebendiger und wirkenskräftiger wird er. Wir müssen auf das Leben, das uns lebt, ausgerichtet sein, im Glauben an seine nie aussetzende Anwesenheit verbleiben und uns nach seinen Geboten richten, um wahre Menschen zu werden. Die Liebe zu dieser Kraft, die wir mit dem Wort Gott andeuten, ist deshalb eine Voraussetzung für ihre Erweckung in uns und damit für unsere Menschwerdung.

Da wir nicht erzogen werden zur Ausrichtung auf diese Kräfte des Schöpfers in uns, nicht nach ihren Weisungen leben, verurteilt uns dieses Verhalten zu jenem ohnmächtigen, unvollkommenen Pseudo-Leben, das wir auch noch unser *Leben* nennen. So wenig wissen wir, was Leben eigentlich bedeutet, dieses nie aussetzende schöpferische Geschehen, das uns in unserer Entwicklung von einer Stufe zur anderen führt, daß wir diesen

Zustand unseres willkürlichen Teil-Lebens aus unserem Geist, das uns zum Verderben wird, als das uns zugedachte Leben in dieser Welt ansehen. Es müßte uns einleuchten, angesichts des Lebens in der uns umgebenden Schöpfung, in der es keinen Status quo gibt, sondern eine fortwährende Entfaltung schöpferischer Kräfte, daß wir als Menschheit diesen Zustand noch nicht erreicht haben, sondern im Tode sind, einem Teil-Leben verhaftet, das vergeht ohne Sinnerfüllung.

„Ich lebe, und Ihr sollt auch leben!", war die Aufforderung des mit dem Leben des Schöpfergeistes in sich verbundenen Menschen. Hier kam ein ganz anderes Leben zur Offenbarung, hier erlebte der Mensch, das er angeschlossen ist an schöpferische Kräfte und Klarheiten, die den anderen Menschen noch verschlossen sind. Die Vollmacht des auf seinen Schöpfer ausgerichteten Menschen Jesus ließ offenbar werden, daß der Mensch als Geschöpf abhängig ist von der Einheit mit dem Schöpfer, soll er seinen Sinn erfüllen, Ihn zu offenbaren. *„Ich kann von mir selbst nichts tun"*, war sein Bekenntnis. Er erlebte das Tun des Schöpfers durch sich, und er hatte Zugang zu den Kräften des Himmels.

Hier steht ein Mensch vor uns, der den Durchbruch zu den Bereichen des Schöpfergeistes erreichte und aus diesem Geist seine Vollmacht schöpfte. Von sich selbst tat dieser Mensch nichts; er ließ sich bewirken von der Kraft des Schöpfers, aus der er geschaffen war. Aus dem Erleben dieses Einbruchs schöpferischer Kräfte in sein Leben, entsprang seine Botschaft von dem Reich göttlichen Seins in der Schöpfung des Menschen. Jesus ent-deckte *das Leben* des Schöpfers in seiner Schöpfung. Er wurde von diesen Kräften und Klarheiten überwältigt und kam hervor als ein Mensch anderer Ordnung, als ein schöpfergeist-erfüllter Mensch, als der Mensch in Christus. Aus diesem Erleben wuchs sein Evangelium, und er forderte die Menschen auf, ihre Sinne zu ändern, sie von der Erscheinungswelt auf die Welt des Ursprungs aller Erscheinungen zu richten und in Liebe und Anbetung auf diesen Ursprung allen Seins ausgerichtet zu leben. Die Gehorsamkeit gegenüber dem Willen des Schöpfers ist die Voraussetzung für unsere Menschwerdung nach seinem Sinne.

Durch die Fehldeutung dieser Botschaft Jesu vom Reich göttlichen Seins in unserer Schöpfung sind wir betrogen worden um unsere Heilung vom Zustand der Sonderung von diesem Göttlichen in uns. Wir leben weiter in der Enge unserer Vergänglichkeit und Willkür, während wir in dem Glauben an Jesus als an unseren Erlöser verbleiben, obwohl wir erkennen müßten, daß dieser Glaube uns nicht einen Schritt vorwärts führt auf dem Weg unserer Erlösung aus der Gebundenheit an Gottlosigkeit und Sünde. Wir hoffen auf ein ewiges Leben im Reich Gottes nach dem Tode, wenn wir nur im Dienst an diesen Lehren der sich christlich nennenden Religion verbleiben, und wir erkennen nicht, daß es nicht ein ewiges *und* ein irdisches Leben gibt, sondern, da alles Leben vom Schöpfer ausgeht, wir hier und jetzt im ewigen Leben sind.

Die Hinwendung zu diesem ewigen Leben, das sich als Schöpfung und immer wieder Schöpfung manifestiert, und der Glaube daran, daß dieses Leben in uns west wie in allem Geschaffenen, ist der Weg zur Aktivierung dieser unerschöpflichen Kräfte und Klarheiten. Wir alle sind Träger dieses Lebens aus dem Ursprung, aber wir erkennen es nicht. Was wir jedoch nicht erkennen, und was nicht in unserem Bewußtsein Einlaß findet, bleibt in un-

bewußte Bereiche verbannt und kann sich in uns nicht auswirken. Erst mit der Bewußtwerdung, daß wir in uns das ewige Leben tragen, und mit unserer Hinwendung zu ihm, können wir überwältigt werden von seinen heilenden Kräften und hineinwachsen in Christus in uns.
Da aber der Mensch in eine um diese Kraft in sich nicht wissende Menschheit hineingeboren und in ihren Vorstellungen von einem Gott außerhalb der Schöpfung erzogen wird, entwickelt er ein Leben aus seinen eigenen und der Menschheit willkürlichen Vorstellungen vom Sinn des Lebens und fällt dadurch aus der Verbindung mit seiner Wahrheit, die diese Kraft des Schöpfers in ihm ist. Damit ist seine Menschwerdung unterbrochen, und er entfaltet ein Teil-Leben im Vergänglichen, das ihm zum Verderben wird. Er lebt geschöpflich verkehrt, hält sich selbst für den Gestalter seines Lebens und bemüht sich, aus seinem willkürlichen Geist zu leben, oder er richtet sich nach den herrschenden Vorstellungen der Menschheit vom Sinn des Lebens. So gerät er grundsätzlich in die ihn verderbende Sonderung von seiner Wahrheit, die die Kraft des Schöpfers in ihm ist, und er verliert so seine wahre Identität als Kind des Schöpfers, Träger der Kraft des ewigen Lebens. Aus dieser bereits zur Natur des Menschen gewordenen Sonderung von der Kraft des Schöpfers in seiner Schöpfung erntet der Mensch fortwährend Not, Verderben, Sinnlosigkeit und Tod. Er erlebt nicht die Zunahme seiner Macht als Kind Gottes, er nimmt nicht teil an den Kräften des ewigen Lebens, und damit wirkt er sich nicht zum größten Heil seiner Welt aus. Wohin dieser Mensch der Sonderung von seinem Ursprung kommt, dorthin bringt er das Böse, das Verkehrte, und er liefert sich selbst der Sinnlosigkeit, der Gottlosigkeit, aus. Wenn wir die Geschichte dieser Menschheit auf uns wirken lassen, erschrecken wir vor dem Ausmaß der Unmenschlichkeit, die sie verbreitet,

erschrecken wir vor den Folgen eines von seiner Wahrheit abgefallenen Geschöpfes. Hier erleben wir nicht die Zunahme einer von dem Schöpfer gewollten Entwicklung, die den Menschen zur Erfüllung seines geschöpflichen Sinns führt, die Kraft des Schöpfers durch sich zu offenbaren.

Wir stehen hier vor einer ständigen Zunahme der Entartung und des Verderbens menschlichen Lebens. Immer tiefer sinkt diese Menschheit in das Böse, das Verkehrte, hinein. Immer mehr wirkt sie sich für alles Lebendige in der Schöpfung verderbend aus. Ohne den Anschluß an die Kraft des Schöpfers, aus der er entsteht, ohne Gehorsamkeit vor den Geboten des Absoluten in ihm, ohne Ehrfurcht vor dem Schöpfer bleibt der Mensch der Entartung und der Gottlosigkeit anheimgegeben. Würden wir uns befruchten lassen von der Not, die wir ernten, und dadurch zu der Erkenntnis dessen aufwachen, daß uns etwas Entscheidendes not tut, nämlich die Verbindung mit dem Schöpfergeist, aus dem wir entstanden sind, so würden wir nichts anderes als notwendend erkennen als unsere Umkehr zu diesem Geist in unserer Schöpfung. Aber die Menschheit ist durch die falschen Lehren ihrer Religionen von dem Sündenfall des ersten Menschenpaares, der uns in dieses Leben, fern der Einheit mit unserem Ursprung, verbannt hat, so daran verhaftet, daß die Sonderung von dem allmächtigen Schöpfer zu ihrem Los in dieser Welt gehört und dem Menschen erst nach dem Tode, so er im Dienst der jeweiligen Religion gestanden hat, die Gnade Gottes zuteil werden und er den Zugang zu dem ewigen Leben gewinnen kann. Aber das ewige Leben ist das vom Schöpfer ausgehende Leben, und es ist fortwährend in unserer Schöpfung vorhanden. Aber wir werden nicht auf dieses Leben in uns ausgerichtet und verderben in der Enge eines Teil-Lebens im Vergänglichen und Willkürlichen.

II

Einheit und Getrenntheit

1) Gottlosigkeit

Wir werden alle in eine Menschheit hineingeboren, die einer geschöpflichen Verkehrtheit verhaftet lebt und deshalb in ihrer Menschwerdung, wie sie der Schöpfer gewollt hat, unterbrochen ist. Wir werden keine Menschen, die durch ihre Rangordnung an erster Stelle stehend, ihren Sinn erfüllen als die Kraft des Schöpfers am höchsten offenbarende Geschöpfe. Unsere Erziehung liegt nicht in den Händen der Erleuchteten, der um ihre Gottgezeugtheit wissenden Menschen, sondern wir werden abgerichtet und in den Dienst der Unerleuchteten gestellt, gezwungen zur Anpassung an die Werte und Sinngebungen, die hier herrschen. Wir werden nicht erzogen, die Kraft des Schöpfers zu erkennen, aus der wir geschaffen sind. Aus der Sonderung von dieser Kraft entsteht der Pseudo-Mensch, der wir alle sind, der Mensch der Sünde, der auf der Oberfläche seiner Schöpfung verbleibt und sie in den Dienst seiner eigenen und der Menschheit willkürlichen Geistigkeit stellt.

Wo ist der Mensch, den der Schöpfer schuf sich zum Bilde, wo ist das Kind Gottes, das in der Entfaltung der Macht seiner Wahrheit als Geschöpf des Schöpfers steht und sich für diese Welt heilend auswirkt? Werden nicht Geschlechter auf Geschlechter hineingeboren in eine Menschheit, die dem Fluch des verlorenen Sohnes ausgeliefert ist und die in Unwissenheit um ihre Urbeziehung zu Gott lebt und dadurch immer tiefer dem Unheil und der Gottlosigkeit anheimfällt? Erleben wir nicht die erschreckende Zunahme des Verderbens und der Entartung menschlichen Lebens, entfernen wir uns nicht fortwährend von dem Gewissen und Absoluten in uns, und streben wir nicht nach der Entwicklung unseres willkürlichen Geistes, um die Herrschaft über diese Schöpfung Gottes zu beanspruchen? Die Aufforderung zur Umkehr zur Kraft des Schöpfers in uns und zur Einkehr in sie ist an alle zu dieser Kraft erwachten Menschen ergangen, ohne daß wir diesen Aufruf in seiner überwältigenden Bedeutung für unser Leben in dieser Welt verstanden haben und ihm gefolgt sind. Die Ursache für unsere Gleichgültigkeit gegenüber diesen Predigern der Umkehr zu Gott liegt in unserer Unwissenheit um die Realität Gottes in unserer eigenen und der Welt Schöpfung. Wir werden nicht eingeführt in die Erkenntnis dessen, daß Gott alles in allem ist und wir in der Gesamtheit unserer Schöpfung seine Kraft in Offenbarung sind. Wir werden fixiert auf einen Gott außerhalb unserer Schöpfung, und unsere Hinwendung zu diesem Gott trägt nicht bei zur Vergöttlichung unseres Lebens, macht uns nicht gotterfüllt.

Niemals ist das Geschöpf fähig, seine von dem Schöpfer gewollte Aufgabe zu erfüllen, ohne die Verbindung mit seiner Kraft in sich aufzunehmen. Und diese Kraft ist Christus in uns, unsere spirituelle Wirklichkeit, unsere Seele. Deshalb die Aussage Jesu, daß es einem Menschen nichts nützt, wenn er die ganze Welt gewinnt, aber seine Seele verliert. Das Tun des Menschen aus seinem willkürlichen Geist ist gottlos und führt nicht zur Menschwerdung nach dem Willen des Schöpfers.

Der Durchbruch dieser Menschheit zu ihrer Wahrheit als Schöpfergeist in Offenbarung steht noch bevor, und erst dann werden wir zur Heilung der Unheilheit unseres Lebens kommen, erst dann, wenn wir erkennen, daß die Not und das Verderben, die Krankheit und die Entartung unseres Lebens deshalb entstehen, weil wir noch ohne Einbeziehung der Kraft des Schöpfers in unser Bewußtsein leben. Wir können nichts anderes, als an den Folgen unseres Teil-Lebens im Vergänglichen zugrunde zu gehen, wir müssen leiden und zum Leid der uns unterstellten Schöpfung werden. Gott ist das Leben in uns, das lebendig und vollmächtig macht, und solange wir dieses Leben nicht erkennen und nicht annehmen, bleibt der Fluch einer unterbrochenen Schöpfung unser Los.

2) All-Einheit

Obwohl wir in der Schöpfung um uns in allem Geschaffenen die Einheit zwischen Schöpferkraft und Schöpfung als Voraussetzung für die Erfüllung des geschöpflichen Sinns erkennen können, so begreifen wir nicht, wie auch wir Menschen als Geschöpfe abhängig sind von dieser Einheit mit der Kraft, aus der wir entstanden sind, wollen wir unseren Sinn erfüllen, diese Kraft zu offenbaren. Wir werden nicht erzogen, im Bewußtsein dieser Kraft in uns zu leben. Wir bekennen uns nicht zu Christus in uns, was identisch ist mit dieser vom Schöpfergeist ausgehenden Kraft zur Menschwerdung in seinem Sinne, Ihm zur Verherrlichung und zur Verwirklichung seiner Herrschaft in dieser Welt.

Jede Blume, jeder Baum, alles Geschaffene um uns strahlt diese Kraft des Ursprungs allen Lebens aus, und wir erleben die davon ausgehende und uns belebende Wirkung. Nur innerhalb der Menschenwelt werden wir von dieser Belebung und von diesem Austausch von schöpferischen Energien nicht erfüllt, und wir fragen uns auch nicht, warum wir Menschen als höchste Geschöpfe Gottes nicht von der Kraft des Schöpfers erfüllt sind, zur Belebung und Beseelung unserer Umwelt. Weil wir nicht in den in uns wirkenden Seinskräften bewußt ruhen und sie nicht als die menschbildende Kraft Gottes erkennen, bleiben wir ohne belebende Wirkung auf unsere Umwelt. Wir mögen noch so eifrig bemüht sein, unsere intellektuellen Kräfte zu entfalten, es gelingt uns nicht, die schöpferischen Energien unserer Seele auszustrahlen, solange wir nicht zu ihrer Anwesenheit in uns erweckt sind und nicht auf sie in Ehrfurcht und Liebe ausgerichtet leben.

Diese von uns geforderte Ehrfurcht und Liebe müssen sich in erster Linie an unsere eigene Schöpfung wenden als das Geheimnis des Schöpfergeistes und weiter an die uns umgebende Schöpfung. Erst wenn wir uns selbst erkennen als Gottes Kraft und Weisheit in Offenbarung, und wenn wir in Liebe dieser Kraft in uns zugewandt leben, bekommen wir Zugang zu dieser Kraft in der Schöpfung um uns. Je tiefer diese Erkenntnis der Gegenwart des Schöpfers in unserer Schöpfung ist, um so tiefer wird unsere liebende Hinwendung zu ihr, und um so lebendiger erleben wir ihre Anwesenheit in allem Lebendigen um uns. Ohne uns selbst als eine Manifestation des unsichtbaren Schöpfers zu erkennen, können wir auch nicht vordringen zu der in der Schöpfung um uns wesenden Kraft des Schöpfers, um uns mit ihr zur Erweiterung unserer Lebendigkeit zu verbinden.

Die Aufforderung, Gott über alles zu lieben, ist die Aufforderung, uns selbst als seine Geschöpfe zu lieben, wie auch allem Lebendigen in Liebe zugewandt zu leben. Nicht einen Gott außerhalb seiner Schöpfung in fernen Himmeln zu lieben, verbindet uns mit seiner Kraft, die alles andere in allem ist, sondern allein die Liebe zu dem Schöpfer, der sich selbst in seinem Werk manifestiert und hier geliebt und angenommen werden will. Da die Kraft des Schöpfers alles in allem ist, wie kann dann der Ort seiner Anbetung irgendwo außerhalb seines Werkes sein? Hier, in allem, was lebt, wirken die Schöpferkräfte, und in der Hinwendung zu ihnen erleben wir ihren Einstrom in unser Bewußtsein und werden gotterfüllt.
Wie können wir das Wunder unseres Körpers in allen seinen Funktionen anschauen und erleben, ohne in die Berührung mit dem hier wirkenden Leben aus dem göttlichen Urquell zu kommen und ohne eine Erweiterung unseres Lebensgefühls zu erfahren? Wo sonst können

wir dem Schöpfer nahekommen, wenn nicht da, wo seine Kraft wirkt? Würden wir von Kindheit an dazu erzogen werden, Gott in seiner Schöpfung als anwesend zu erkennen, so wäre alles Geschaffene für uns der Ort, wo Gott geliebt und angebetet werden müßte, auf daß wir von seiner Kraft ohne Unterlaß bewirkt werden. Dieser Durchbruch zur Wirklichkeit Gottes in uns und in der Schöpfung würde uns in einer neuen Weise lebendig machen, und wir würden für alles Leben um uns zur Ausstrahlung schöpferischer Kräfte werden. Unsere religiösen Lehren und Dogmen von einem Gott außerhalb unserer eigenen und der Welt Schöpfung haben uns von der Wirklichkeit des lebendigen Gottes getrennt.

Die Erweckung des Menschen zu dieser Kraft des Schöpfers in seiner Schöpfung bleibt so lange unmöglich, bis er erlöst wird aus den jetzigen Vorstellungen seiner Religionen von einem Gott außerhalb seiner Schöpfung. Wir müssen Gott erkennen als alles in allem, als die innerste Kraft und Wirklichkeit in allem, was wirkt. Wer Gott liebt in dem Wissen, daß Gott sein Leben, seine Kraft und seine Begabung ist, der lebt geöffnet für den Einstrom dieser Kraft in seiner Schöpfung und in der Schöpfung der Welt. So nimmt er zu an wahrer Lebendigkeit.

3. Seelen-Bewußtsein

Solange der Mensch sich nicht selbst in seiner Wahrheit erkennt, erkennt er auch nicht die Wahrheit seiner Mitmenschen, und es kann keine Verbindung im Wesenhaften entstehen, die dauerhaft ist und neues Leben zeugt. Wir können an der Wirkung, die wir im Umgang mit unseren Mitmenschen erleben, erkennen, in welchen Bereichen wir von ihnen angesprochen werden. Selten kommt es zu einer Begegnung im wesenhaften und Eigentlichen, die uns belebt und beseelt. Da der Mensch nicht von Kindheit an ausgerichtet wird auf seine Seele als auf seine spirituelle Wirklichkeit, vermag er auch nicht die Seele seiner Mitmenschen zu erkennen und den Zugang zu ihr zu finden. So bleiben seine Begegnungen mit den Menschen ohne verwandelnde und heilende Wirkung. Wir tragen nicht bei zu einer Beseelung unserer Umwelt, solange wir nicht aus unserer Seele leben, solange wir uns nicht dessen bewußt sind, daß die Seele das vom Ursprung gemeinsame Leben aus dem Ursprung ist, und wir nur mit ihr verbunden eine wirkliche Einheit im Wesenhaften mit allem Lebendigen um uns finden können.

Wenn wir die Seele verstehen als die Verbindung mit dem Schöpferprinzip in allem Geschaffenen um uns, so erkennen wir die innere Einsamkeit, die wir erleiden müssen, wenn unsere Seele nicht in unser Leben einbezogen ist, und wir auf der Oberfläche eines Teil-Lebens im Persönlichen und Vergänglichen leben. Das uns Gemeinsame ist das ewige Leben des Schöpfers in uns, und wenn wir nicht zu diesem Leben in uns erwachen und es in allem Geschaffenen erkennen, erleben wir keinen lebengebenden Austausch mit der Schöpfung um uns.

Durch diesen Mangel an einströmenden schöpferischen Kräften werden wir abhängig von der Hinwendung zu dem uns ansprechenden Ersatzleben, das in dieser Menschheit herrscht, die das wirkliche Leben nicht erkennt. Wir werden abgerichtet, nach außen zu leben anstatt nach innen, und so entfalten wir ein Oberflächenleben, das uns zum Verderben wird und uns immer weiter abtreibt von unserer Seele und uns der Sünde anheimgibt als der Sonderung von unserer Seele, die allein das uns heilende und erneuernde Prinzip des Lebens in uns ist. Wenn auch die Seele immer wieder mit ihrem göttlichen Leben in uns aufleuchtet und uns ahnen läßt, daß etwas anderes in uns nach Ausdruck ringt als das Leben im Verstandes- und Gefühlsmäßigen, so gelingt uns doch nicht der endgültige Durchbruch zu diesem Leben in uns, den wir als die Wiedergeburt bezeichnen. Wir erleben momentane Erleuchtungen des Lichtes unserer Seele, und wir werden für Augenblicke aus der Enge eines Personbewußtseins erlöst, aber wir vermögen nicht, diese Begegnungen mit unserer spirituellen Wirklichkeit festzuhalten, sondern fallen wieder zurück in das gewohnte Teil-Leben aus unserer Vergänglichkeit und Willkür.
Weil die Seele in uns als unsere schöpferische Kraft, die uns mit dieser Kraft in allem Lebendigen verbindet, nicht von Kindheit an angesprochen wird, und wir nicht auf sie ausgerichtet werden, so erleben wir, daß wir ihre Anwesenheit in uns nicht erkennen und nicht mit den Jahren seelisch lebendig werden. Wir werden aus ihr vertrieben durch eine Erziehung, die einseitig auf den Verstand, auf den Intellekt, ausgerichtet ist, und so verlieren wir immer mehr die Erlebniskraft für unsere eigentliche Lebenswirklichkeit, die unsere Seele ist. Aus ihren Tiefen haben die mit ihr verbundenen Menschen schöpferische Kräfte und Klarheiten erlebt und in ihren Werken

weitergegeben, die ihre Gültigkeit über Jahrtausende behalten. Der seelisch lebendige Mensch ist der wahre Mensch, da die Seele die menschbildende Kraft des Schöpfers in uns ist. Aus der Erkenntnis der Bedeutung der Seele ruft Jesus aus: *„Was nützt es dem Menschen, wenn er die ganze Welt gewinnt und doch Schaden nimmt an seiner Seele?"* Hier wird die Seele erkannt in ihrer übergeordneten Bedeutung für die Offenbarung des vom Schöpfer gewollten Menschen. Sie ist seine Kraft in uns, aus der Er uns schuf zu seinem Wirken in der Welt. Verliert der Mensch das Bewußtsein für diese Kraft des Schöpfers in sich, so entfaltet er nur ein Teil-Leben im Vergänglichen. Gleichgültig, welche Kräfte der Mensch aus seinem Geist in sich entfaltet und welche großen Errungenschaften er mit ihnen erreicht, für das Reich Gottes und seine Verwirklichung in der Welt bleibt er ohne Bedeutung, ja, er verhindert sein Kommen durch seine Sonderung vom Göttlichen in sich, das seine Seele ist.
Wie aber soll es in dieser seelenlosen Menschheit zum Erkennen der Notwendigkeit der Umkehr kommen? Wie wird der Mensch spirituell lebendig, wie kann die große Verwandlung dieser Menschheit geschehen, die zu einem neuen Menschen führt, der von sich sagen kann: *„Ich und der Vater sind eins, wer mich sieht, der sieht den Vater, der mich gesandt hat."* Als Geschöpf ist der Mensch vom Schöpfer und Urheber seines Lebens abhängig, um in seiner Wahrheit offenbar zu werden und in die Macht seiner Kindschaft zu Gott hineinzureifen. Es geht hier nicht um die Entwicklung seines Geistes, sondern um den Einbruch des Schöpfergeistes in seinen Geist, auf daß er im eigentlichen Sinne Mensch wird als ein diesen Geist durch sich offenbarendes Geschöpf. Die Einheit zwischen dem Schöpfer und seinem Geschöpf Mensch ist der Weg, der zur Menschwerdung führt.

4. Stille

Beobachten wir uns selbst und unsere Mitmenschen, so können wir erkennen, daß wir alle unentwegt nach Beschäftigungen und Ablenkungen suchen. Wir sind unfähig zur Stille und Verinnerlichung. Wir leben außerhalb der Kraft des Schöpfers in unserer Schöpfung, nicht verankert in ihr, nicht liebend mit ihr eins. Wir sind ständig unterwegs zu neuen Aktivitäten und halten diesen unentwegten Drang zur Beschäftigung auch noch für uns gemäß, als zu unserem Leben in dieser Welt gehörend. Eine stets angeheizte Sehnsucht nach Besitz und Anerkennung treibt uns in eine nie aussetzende Beschäftigung nach außen. Wir erkennen nicht das Gleichgewicht zwischen Aktivität und Passivität, zwischen Arbeit und Entspannung, das notwendig ist, damit das Schöpferische in unsere Aktivität einfließen und unsere Arbeit sinnvoll machen kann!

Beten und arbeiten ergänzen sich; indem wir die Kraft des Schöpfers in uns bewußt anbeten, beten wir sie in unsere Tätigkeit hinein und füllen sie mit schöpferischen Energien. Ein Mensch, der nur in seiner Arbeit aufgeht oder einseitig sich zerstreut und ablenkt, erschöpft sich und verliert den Anschluß an die in ihm wirkende Schöpferkraft. Sein Leben wird zutiefst unlebendig, ohne Freude, ohne Anschluß an den unerschöpflichen Quell des Lebens selbst, welches aus dem Schöpfer hervorgeht. In diesem Zustand wird der Mensch abhängig von Stimulationen, von Zigaretten und Alkohol als Aufputschmittel, von Sexus und leichten Vergnügungen, und er erlebt die Leere seines Daseins und die Sinnlosigkeit in allem, was er tut. Der unzufriedene, der freudlose Mensch ist der Mensch, der im Äußeren verbleibt, ohne

Verbindung mit der in ihm wesenden Kraft des Schöpfers. Diese Bewußtlosigkeit gegenüber der in unserer Schöpfung wirkenden Kraft des Schöpfers verhindert ihr volles Wirken durch uns und läßt uns zu Opfern werden der in dieser Welt herrschenden Gottlosigkeit. Wir leben außerhalb von uns selbst in *unserer* Wahrheit, und wir entfalten dadurch nicht den vom Schöpfer gewollten Menschen, Ihm zur Offenbarung. Gleichgültig, welche Leistungen wir von uns aus aufzuweisen haben und welche Bedeutung wir für die Entwicklung *unserer* Welt erzielen, wir bleiben ohne die Möglichkeit der Erfüllung unseres geschöpflichen Sinns als Gottes Kraft und Weisheit offenbarende Geschöpfe.

5. *Krankheit*

Der Glaube des Menschen, daß seine Schöpfung ihm gehört und er das Recht hat, damit willkürlich umzugehen und sie nach eigenen Wünschen und Begierden zu gebrauchen, hat seine Menschwerdung, wie sie der Schöpfer gewollt hat, unterbrochen und liefert ihn den Mächten einer geschöpflichen Verkehrtheit aus. Alles Geschaffene entspringt der Kraft des Schöpfers, und es muß in dieser Kraft verbleiben, soll es sich nach deren Willen entfalten und seinen Sinn in dem geschöpflichen Zusammenhang erfüllen. Wird die Verbindung mit dieser Kraft unterbrochen und übernimmt das Geschöpf Mensch die Herrschaft über sich selbst, so bleibt es unter dem Fluch des verlorenen Sohnes und geht, ohne seine Aufgabe zu erfüllen, zugrunde.

Da es keine Ausrichtung des Menschen auf diese in seiner Schöpfung manifestierte Schöpferkraft gibt, keine Erziehung zur Spiritualität, so ist es verständlich, wenn diese Menschheit den Weg ihrer Selbstentfremdung fortsetzt und immer tiefer in den Abgrund eines um ihre Wahrheit nicht wissenden Lebens hinabstürzt. Wir brauchen nur die mit unsäglicher Not und Unmenschlichkeit erfüllte Geschichte dieser Menschheit auf uns wirken zu lassen, um zu erkennen, daß der Mensch nicht in der Menschwerdung nach dem Sinne des Schöpfers steht, nicht auf die Kraft seiner spirituellen Wirklichkeit ausgerichtet lebt. Solange unsere Sonderung von der in uns wirkenden Kraft des Schöpfers anhält und wir diese Kraft in den Dienst unserer Willkür stellen, bleiben wir verpaßte Inkarnationen des Schöpfergeistes, und wir erleben am eigenen Leibe die Folgen davon in Erschöpfungen, Krankheiten und Entartungen.

Würden wir uns dem inneren Arzt zuwenden, der die Kraft des Schöpfers in uns ist, und uns im Glauben und Vertrauen mit dieser Kraft verbinden, so käme es zu einer Aktivierung ihrer Energien, und wir würden von den sich selbst regenerierenden Kräften des Schöpfungsprinzips in uns erfüllt und in einer neuen Weise lebendig werden. Wir könnten dann verzichten auf die von den Menschen ausgedachten Mittel zur Heilung und Belebung unseres Körpers, und wir würden mit zunehmender Einheit mit unserem Ursprung von allen uns belastenden und krankmachenden negativen Kräften erlöst werden.

Die Heilkraft in uns ist das Heilige, Christus in uns, der Schöpfergeist. Werden wir uns dieser Kraft bewußt, und versenken wir uns täglich in sie, beten wir sie in unser Bewußtsein herein, so bewirkt sie unsere Belebung und Beseelung. Da diese Kraft in jeder Zelle und in jedem Atom unseres Körpers anwesend ist, so ist ihre Einbeziehung in unseren Geist und unsere bewußte Anbetung ihrer Gegenwart nicht als eine religiöse Angelegenheit unseres Lebens anzusehen, sondern sie ist die Angelegenheit, die unser Sein oder Nicht-Sein entscheidet. Die Anbetung Gottes ist identisch mit der Anbetung des Lebens. Leben wir gleichgültig und teilnahmslos gegenüber dieser Kraft des Schöpfers in unserer Schöpfung, so kann es nicht zu ihrer Aktivierung in uns kommen, und wir erleben den uns krankmachenden Mangel an Leben.

Die erschreckende Zunahme an synthetisch hergestellten Medikamenten, die für alle Mangelerscheinungen an Lebenskraft in uns immer neu entwickelt werden, beweist unsere zunehmende Sonderung von der in unserer Schöpfung anwesenden Heilkraft des Schöpfers. Wir glauben nicht an Gottes Anwesenheit in der Schöpfung.

Wir verbinden uns folglich nicht mit seiner Kraft in uns wie um uns, und dadurch erleben wir den uns verderbenden Mangel an dieser Kraft. Jede Krankheit, die uns heimsucht, ist eine Folge der Kränkung der Schöpferkraft, die uns innewohnt. Anstatt ausgerichtet zu leben auf die Kraft des Schöpfers in uns und anstatt uns mit ihr zu identifizieren, leben wir ausgerichtet auf die Mangelerscheinungen, die aus unserer Sonderung von ihr entstehen. Wir identifizieren uns mit unserem Körper, der ohne Hinwendung zu seiner Wahrheit, die der Schöpfergeist ist, nicht anders kann, als von Krankheiten und Entartungen heimgesucht zu werden, und wir suchen Heilung in den von uns ausgedachten Heilmitteln. Daraus kann keine wirkliche Heilung entstehen. Wir unterdrükken und betäuben die Schmerzen, aber wir erkennen nicht als Ursache unserer Leiden die Sonderung von der in unserer Schöpfung wesenden Kraft des Schöpfers, die Christus in uns ist, unsere spirituelle Wirklichkeit, der Schöpfergeist.

III

Irrtum und Umkehr

1. Geschöpflichkeit

Die Unwissenheit um unsere Wahrheit als Kraft des Schöpfers in Offenbarung läßt uns zu Opfern werden der in dieser Menschheit herrschenden Vorstellungen der Religionen von einem Gott außerhalb unserer Schöpfung. Wir werden dazu angehalten, diese menschlich begrenzten Vorstellungen von Gott anzubeten und erleben so nicht die für unsere Menschwerdung notwendige Verbindung mit der Kraft des Schöpfers in unserer Schöpfung und verfallen so dem Fluch der Selbstentfremdung und des Irrens im Vergänglichen und Willkürlichen.

Können wir nicht in der Natur um uns täglich beobachten, daß die Einheit zwischen der hier wirkenden Kraft des Schöpfers und dem Geschaffenen eine unerläßliche Voraussetzung ist für die Erfüllung des Sinns einer jeden Schöpfung? Wird diese Verbindung unterbrochen, so ist das schöpferische Geschehen unterbrochen, und der Sinn betreffender Schöpfung bleibt unerfüllt.

Brauchen wir noch Beweise für die unterbrochene Menschwerdung, wenn wir unsere Geschichte auf uns wirken lassen in ihrer zunehmenden Unmenschlichkeit und Gottlosigkeit? Werden wir nicht durch die Aktivität unseres willkürlichen Geistes immer mehr zum Unheil? Verursachen wir nicht fortwährend das Böse, das Verkehrte, und haben wir nicht darunter zu leiden, ohne aufzuwachen zu der Erkenntnis unserer geschöpflichen Verkehrtheit und ohne zu begreifen, daß wir als Geschöpfe aus der Enge unseres Geistes nicht selbst fähig sind, unseren geschöpflichen Auftrag zu erfüllen, Gottes Kraft und Weisheit durch uns zu offenbaren! Es bedarf zu unserer Menschwerdung im Sinne des Schöpfers nur der Wiedergeburt, des Durchbruchs zum Geist des Schöpfers in uns. Wie aber können wir hoffen, daß es zu einem Erwachen zu dieser Kraft des Schöpfers in uns kommen kann und wir die Notwendigkeit der Umkehr zu ihr erkennen? Lebt der Mensch nicht beruhigt in seiner Willkür, und glaubt er nicht, es sei sein Recht, mit seinem Leben willkürlich umzugehen? Wird der Mensch nicht erzogen zur Gehorsamkeit gegenüber der in der Menschheit herrschenden Gottlosigkeit und zur Anpassung daran? Wer fragt nach dem Willen des Schöpfers, wer horcht auf die Weisungen seiner Seele und gehorcht ihnen? Ist nicht die Dimension der spirituellen Wirklichkeit des Menschen in unbewußte Bereiche verdrängt? Befindet sich nicht diese Menschheit in einer seelischen Bewußtlosigkeit, die sie ausschließt aus der Gemeinschaft mit der Seele in allem Geschaffenen? Damit ist der Mensch in der Entfaltung seiner Wahrheit als Schöpfergeist in Offenbarung unterbrochen. Wir reichen in unserer Beziehung zueinander und zur Schöpfung um uns nur so weit, wie wir in der Beziehung zu unserer eigenen Seele leben. Deshalb ist nur der seelisch lebendige Mensch jener Liebe fähig, die zum Austausch von schöpferischen Kräften führt und im Dienst der Menschwerdung steht.

Der Mensch kann nur wirklich lieben aus dem Grad seiner inneren Lebendigkeit. Was der Mensch in der Sonderung von seiner Seele Liebe nennt, ist sexuelle Anziehungskraft, die unbeständig und ohne erlösende und heilende Kraft ist. Mit der Wiedergeburt, in der Einswerdung mit der in seiner Schöpfung wesenden Kraft des Schöpfers, beginnt die Verbindung mit allem Lebendigen sich auszuwirken, und der Mensch erlebt die fortwährende Zunahme seiner wahren Lebendigkeit, die Gottverbundenheit ist, da Gott das Leben allen Lebens ist. Es gibt keine vollmächtige Anteilnahme an dieser Kraft des Schöpfers in uns, die auch allem Lebendigen innewohnt, solange wir nicht zu dem Bewußtsein dieser Kraft in uns selbst erwacht sind und uns zu ihr bekennen.

2. *Gottferne*

Weil wir dazu erzogen werden, nach außen gerichtet zu leben, ständig in Anspruch genommen von der Erscheinungswelt, verkümmert unsere Beziehung zur Innenwelt, verlieren wir den Kontakt mit der in allen Erscheinungen wirkenden Kraft des Schöpfers, und so werden wir Opfer eines Teil-Lebens, in dem das schöpferische Geschehen der Schöpferkraft nicht zur Herrschaft kommt und uns nicht vollmächtig und mündig macht. Wir kommen dadurch unter den Fluch einer Unterbrechung des wirklichen Lebens in uns, das diese Kraft des Schöpfers ist. Damit ist unsere Menschwerdung, wie sie der Schöpfer gewollt hat, nicht möglich, denn nur seine Kraft, aus der wir geschaffen sind, bewirkt die Erfüllung unseres geschöpflichen Sinns, Ihn zu offenbaren, der alles in allem ist.

Wenn wir dieses begreifen, daß wir Geschöpfe sind und nicht Schöpfer unseres Lebens, so erkennen wir, daß die Einheit mit der Schöpferkraft in uns nicht eine religiöse Angelegenheit unseres Lebens ist, sondern *die* Angelegenheit, die unser Sein oder Nicht-Sein entscheidet. Die Ohnmacht und das Unvermögen, uns heilend auf unsere Welt auszuwirken, liegen nicht an der Unvollkommenheit unserer Schöpfung, sondern allein an unserer Sonderung von der Kraft des Schöpfers in uns, die allein unsere Menschwerdung bewirken kann. *„Wer in mir bleibt und ich in ihm, der trägt viel Frucht, denn ohne mich könnt Ihr nichts tun."* Diese Aussage bleibt für alle Menschen gültig wie auch für alles Geschaffene um uns. Das Verbleiben in der Kraft, aus der wir geschaffen sind, müßte für uns die Voraussetzung sein für die Entfaltung unseres Lebens bis zur vollen Sinnerfüllung.

Diese Kraft ist in uns, sie hat uns gezeugt und im Mutterleibe zusammengefügt, sie hat uns wachsen lassen bis zur Reife, und mit ihrem Wirken sind wir in die Welt hinausgeboren. Da wir Geschöpfe dieser Kraft sind, müßte es uns einleuchten, daß sie die Herrschaft über ihr Werk behalten muß, damit es seinen Sinn erfüllt, diese Kraft zu offenbaren. Nichts Geschaffenes hat eine andere Aufgabe als die Kraft des Schöpfers hindurchzulassen zu ihrer Offenbarung in der Welt. Das Sichtbare ist aus der unsichtbaren Schöpferkraft entstanden und erfüllt nur dann seinen Sinn, wenn es diese Kraft ungetrübt durch sich wirken läßt, zu ihrer Selbstoffenbarung in der Welt. Dieses erkennen wir in der Schöpfung um uns, aber wenn es um unsere eigene Schöpfung geht, sind wir dem Wahn verfallen, daß es an uns liegt, uns selbst Sinn und Ziel zu geben. Damit fallen wir aus dem schöpferischen Geschehen der Schöpferkraft heraus und verhindern selbst unsere Menschwerdung als Gottesoffenbarung.

Darin liegt das Geheimnis des Bösen, des Verkehrten in der Welt, das fortwährend Unheil zeugt, daß der Mensch, der in dieser Welt herrscht, ohne Ehrfurcht und ohne Gehorsamkeit gegenüber dem Schöpferprinzip in sich lebt und sich damit als Widersacher der gottgewollten Ordnung auswirkt. Es ist als der für die ganze Menschheit sich verderbend auswirkende Sündenfall anzusehen, wenn der Mensch die Verbindung mit der Kraft des Schöpfers in sich verliert und glaubt, das Recht zu haben, mit diesem ihm vom Schöpfer gegebenen Leben nach Gutdünken umgehen zu können und selbst die Herrschaft darüber ausüben zu dürfen. Wenn dieser Zustand der Gottlosigkeit nicht als die Ursache alles Bösen erkannt wird und nicht die Umkehr zur Kraft des Schöpfers von uns vollzogen wird, so haben wir nichts anderes zu erwarten als den Untergang dieser Menschheit mitsamt ihrer Welt, die sie aus ihrer Willkür aufgebaut hat. Es gibt keine Möglichkeit der Sinnerfüllung des Geschöpfes Mensch, solange die Einheit mit der in ihm wesenden Schöpferkraft nicht als die Voraussetzung für die Menschwerdung erkannt wird. Das Ruhen in dieser Kraft und die Gehorsamkeit gegenüber ihren Geboten ist nicht ein religiöses Gebot, sondern *das* Gebot des Lebens schlechthin. Da aber der Mensch nicht dazu erzogen wird, auf diese Kraft des Schöpfers in sich ausgerichtet zu leben, so bleibt seine Menschwerdung unterbrochen, und ein Pseudo-Mensch entsteht, der sich selbst und der ihm unterstellten Schöpfung zum Verderben wird.

Welche Möglichkeit der Verwandlung und Neuschöpfung menschlichen Leben liegt in uns verborgen, wartend auf unser Erkennen und auf unser Bekenntnis dazu. Wir tragen alle in uns die Kraft, aus der wir geschaffen sind, und diese Kraft allein kann unsere Menschwerdung bewirken, die, wenn sie recht verstanden wird, identisch ist mit der Offenbarung dieser Kraft durch uns in nie endender individueller Vielfalt. Das Gleichgewicht zwischen außen und innen, zwischen unserer Schöpfung und der Kraft, die uns geschaffen hat, ist deshalb das allein Notwendige. Die Liebe zu dieser Kraft und die tägliche Anbetung ihrer Gegenwart lassen uns immer lebendiger und vollmächtiger werden. Die Gleichgültigkeit gegenüber ihren Weisungen verurteilt uns zu einem Teil-Leben im Vergänglichen, liefert uns der Sinnlosigkeit aus. Könnten wir doch erkennen, daß wir aus der Schöpfung nicht machen können, was wir wollen, sondern daß dieses Werk des Schöpfers von seinem Geist erfüllt und nach seinen Geboten leben muß, sollen wir Menschen werden, die ihren hohen Sinn erfüllen als

Gottes Kraft und Weisheit offenbarende Geschöpfe. Die Liebe zu Gott ist deshalb die erste und vornehmste Forderung an uns alle. Wer Gott liebt, liebt seine Wahrheit und erfüllt seinen Sinn, Ihn zu offenbaren.

3. *Umkehr*

Unsere Beziehungen zu den Mitmenschen können nicht tiefer sein als unsere Beziehungen zu unserer eigenen Schöpfung. Erkennen wir uns selbst nicht in unserer Wahrheit, wie sollten wir dann unseren Nächsten in seiner Wahrheit erkennen? Lieben wir uns selbst nicht in unserer Urbeziehung zum Schöpfer, und ehren wir nicht seine Kraft in uns, wie sollten wir dann diese Kraft in der Schöpfung um uns erkennen und uns in Liebe mit ihr verbinden können?

Wenn wir die Ursache unserer Beziehungslosigkeit und Lieblosigkeit zueinander erkennen, die in unserer Beziehungslosigkeit und Lieblosigkeit gegenüber der in unserer Schöpfung wesenden Kraft der Schöpfung begründet liegt, so kann es für uns keinen anderen Weg zur Überwindung dieser Beziehungslosigkeit im Wesenhaften geben als den der Umkehr zum Wesenhaften in uns selbst und der Einkehr in dieses Wesenhafte. Dieses Wesenhafte und Ureigentliche in uns ist Gottes Kraft, aus der alles Leben entspringt, und ohne die Einbeziehung dieser Kraft in unser Bewußtsein bleiben wir ausgeschlossen aus ihrer Anwesenheit in allem Geschaffenen um uns.

Welche Armut und Freudlosigkeit in unseren menschlichen Beziehungen herrschen, und welche innere Einsamkeit und Verlassenheit erlebt nicht jeder Mensch mitten in allen äußeren Begegnungen! Wir vermögen nicht vorzudringen zu dem uns miteinander verbindenden Leben aus dem göttlichen Ursprung, weil wir dieses Leben in uns nicht kennen. Wir bleiben alle durch eine falsche Erziehung, die nur auf die Entwicklung unserer Verstandeskräfte ausgerichtet ist, in einem Zustand der Seelenlosigkeit, und dadurch finden wir keinen Zugang zu unseren Mitmenschen so wie wir auch beziehungslos leben zur Seele der uns umgebenden Schöpfung. Wir gehen teilnahmslos an unseren Mitmenschen vorbei und finden keinen Kontakt mit ihrer in unbewußten Bereichen verborgenen Seele und können einander nicht zum Leben aus dem Leben selbst werden.

Die Liebe, das Geheimnis der Einheit mit dem Leben selbst, das von dem Schöpfer ausgeht, bleibt uns verschlossen, bis wir aufwachen zu diesem Leben in uns selbst und darauf ausgerichtet leben. Dann ist unsere Seele in unser Bewußtsein einbezogen, und der Zugang zur Seele des anderen ist gegeben. Wir sind dann in der Liebe, weil wir im Leben aus Gott sind. Erkennen wir dieses Leben in uns nicht, und verbinden wir uns nicht damit, wie sollten wir dann den Zugang finden zu diesem Leben in der Schöpfung um uns? Diese Sonderung des Menschen von seiner Seele ist die Ursache für alle Nöte und Verderbnisse, für unsere Lieblosigkeit und Unmenschlichkeit. Wir verderben am lebendigen Leibe aus Mangel an Verbindung mit dem hier wirkenden Leben aus dem Ursprung, wir gehen zugrunde ohne Sinnerfüllung, weil wir den Sinn unseres Lebens nicht erkennen. Wir stellen uns nicht als Geschöpfe unter den Schöpfer, auf daß seine Kraft in uns wirksam werden kann, sondern wir stellen diese Kraft in den Dienst unserer Willkür und unterbrechen so selbst unsere Menschwerdung als Gottesoffenbarung durch uns. Welche Tragik liegt in dieser Unwissenheit des Menschen um seine ihm vom Schöpfer gegebene Kraft zur Erfüllung seines geschöpflichen Sinns, Ihn zu offenbaren! Welche Not und welche Verderbnisse erzeugen wir selbst durch unsere Bewußtlosigkeit gegenüber der in unserer Schöpfung wesenden Kraft des Schöpfers! Würden wir uns nach innen wenden und uns dieser Kraft des Schöpfers bewußt werden, die in jedem Atom unserer Schöpfung wirksam ist, und würden wir uns dieser Kraft anbetend und liebend zuwenden, so ermöglichten wir ihren Einstrom in unser Bewußtsein, und die Menschwerdung im Sinne dieser Kraft verwandelte uns zu Menschen in Christus, zu schöpferkraft-erfüllten Menschen. Obwohl wir von Generation zu Generation uns immer mehr entfernen von dieser Kraft in uns, und – anstatt ihr zu dienen – sie in den Dienst unserer Willkür stellen und dadurch Not und Verderben ernten, kommen wir nicht zu der Erkenntnis unserer Gottlosigkeit. Wir finden nicht den Weg zurück zum Ursprung. Wir erkennen nicht unsere Abhängigkeit von ihrem Wirken in uns, um wahre Menschen zu werden. Welche Not und welche Entartung menschlichen Lebens müssen wir noch erleben, bevor wir endlich aufwachen zu der Erkenntnis unserer Abhängigkeit von der Einheit mit dem Schöpfer, und bevor wir uns Ihm zuwenden, der auf uns wartet, um uns mit seiner Kraft zu erfüllen?

4. Heilkraft

Unsere Heilkraft liegt in der Erkenntnis dessen, daß wir als Menschen noch in der Unwissenheit um unsere Wahrheit leben, die die Kraft des Schöpfers in uns ist. Wir werden in eine Menschheit hineingeboren, die in eine geschöpfliche Verkehrtheit verstrickt lebt, die ihre Abhängingkeit von der Einheit mit dem Schöpfergeist nicht kennt und deshalb die Führung über ihr Leben selbst beansprucht und sich im Recht glaubt, mit dieser Schöpfung des Schöpfers willkürlich und selbstherrlich umzugehen. Die Folgen davon erleben wir in Not auf Not, ohne jedoch danach zu forschen, was uns allein not tut, nämlich die Unterordnung unter die Kraft des Schöpfers, die unsere Lebenswirklichkeit schlechthin ist, die unsere Menschwerdung im Sinne des Schöpfers bewirkt.

Wir erkennen nicht unsere Wahrheit, die in dieser Kraft liegt, aus der wir hervorgegangen sind, und wir werden nicht dazu erzogen, auf diese Kraft ausgerichtet zu leben. Folglich bleibt unsere Menschwerdung, wie sie der Schöpfer gewollt hat, Ihm zur Offenbarung, unterbrochen, und wir erleben die Entfaltung eines Pseudo-Menschen, der für sich selbst und für die ihm anvertraute Schöpfung zum Unheil werden muß, weil er in sich unheil ist, von den allein heilenden Kräften des Schöpfers gesondert. Mit zunehmender Entwicklung seines willkürlichen Geistes wächst der Mensch hinein in das Böse, das Verkehrte, und so erlebt er am eigenen Leibe sein Verderben, und er wirkt sich auch wider Willen zum Verderben für alles Leben um sich aus. Ohne wahre Selbsterkenntnis, ohne die Erkenntnis seiner spirituellen Wirklichkeit des Christus in ihm, bleibt der Mensch dem Fluch des verlorenen Sohnes ausgeliefert.

Dieser Zustand der Unwissenheit um die Heilkraft des Heiligen in uns herrscht in der ganzen Menschheit und wird von Geschlecht zu Geschlecht fortgesetzt, mit der Folge einer stets zunehmenden Unmenschlichkeit und Gottlosigkeit. In unserer Zeit erleben wir einen solchen Höhepunkt der Selbstentfremdung, indem wir fähig sind zur Vernichtung unserer Welt, ohne zu erkennen, wie wir damit bekunden, daß wir gänzlich aus der Verbindung mit der Kraft des Schöpfers in uns gefallen sind und dadurch unseren Wert für das Ganze verloren haben, ja als Feinde des Lebens schlechthin bezeichnet werden können, als Widersacher der gottgewollten Ordnung unserer Welt.

So stehen wir am Ende des Weges des verlorenen Sohnes und erleben, daß wir die Mittel unseres willkürlichen Geistes erschöpft haben und der äußersten Gottlosigkeit anheimgefallen sind, was identisch ist mit der Sonderung vom Leben des Schöpfers in uns, das allein unsere Menschwerdung zu bewirken vermag. Wir leben ohne Verbindung mit unserem Schöpfer und Ursprung, wir horchen nicht auf das Gewisse und Absolute in unserer Schöpfung, die unsere spirituelle Wirklichkeit ist, die Verbindungsstelle mit unserem Ursprung. Wir haben keine Wurzeln entwickelt zu der Kraft, aus der wir geschaffen sind, folglich wachsen wir nicht hinein in die Macht unserer Kindschaft zu dem allmächtigen Schöpfer, werden keine Menschen in seinem Sinne, Ihm zur Offenbarung.

Wir sind aus der Einheit allen Lebens in der Kraft des Schöpfers herausgefallen und erleben keinen Austausch schöpferischer Energien mit dem Leben um uns, die uns in unserer Entwicklung fördern. Wir leben isoliert im Ego, in einem Pseudo-Leben aus unserem willkürlichen

Geist, und wir können so nicht unsere geschöpfliche Aufgabe erfüllen, die uns innewohnende Schöpferkraft zur Belebung und Beseelung unserer Welt auszusenden.

Wir begreifen nicht, daß unsere geschöpfliche Situation uns unlöslich an die Kraft des Schöpfers bindet, soll unser Leben seinen hohen Sinn erfüllen, diese Kraft in individueller Vielfalt weiterzugeben zur Vergöttlichung unserer Welt, denn der Sinn allen Lebens ist das Leben selbst, das ohne Unterlaß vom Schöpfergeist ausgeht. Die Aussage dieses Geistes bleibt über alle Zeiten hinweg gültig: *„Wer in mir bleibt und ich in ihm, der trägt viel Frucht, denn ohne mich könnt Ihr nichts tun."*

Als der verlorene Sohn im Gleichnis alle seine Mittel im Willkürlichen und Vergänglichen erschöpft hatte und die äußerste Verarmung und Erniedrigung seines Lebens erlebte, erwachte er zu seiner Urbeziehung zum Schöpfer (Vater) und wandte sich Ihm zu. Er erfuhr, daß der Vater nicht ihn verlassen hatte, was eine Unmöglichkeit wäre, ist der Sohn doch die Kraft des Vaters in Offenbarung, sondern er fand den Vater auf sich wartend, um den Sohn ohne Vorwürfe in sein Erbe einzusetzen. *„Sohn, alles was mein ist, ist Dein"*, war die überwältigende Aussage des Vaters. Es konnte keine Trennung des Sohnes vom Ursprung geben außer durch seine Bewußtlosigkeit gegenüber seiner Urbeziehung zu ihm. Sobald der Sohn sich dessen bewußt wurde, wer er war, waren die Nöte seiner Selbstentfremdung aufgehoben.

5. Bewußtwerdung

Solange der Mensch nach außen gerichtet lebt, absorbiert von der Erscheinungswelt, bleibt die Menschwerdung, wie sie der Schöpfer gewollt hat, unterbrochen. Da alles geschöpfliche Leben von der Einheit mit der darin manifestierten Schöpferkraft abhängig ist, um seinen Sinn zu erfüllen und diese Kraft zu offenbaren, so muß es uns einleuchten, daß unsere Sonderung von dieser Kraft die Erfüllung unseres geschöpflichen Sinns unmöglich macht. Diese Sonderung ist die Ursache für alle Not und alles Verderben, die wir erleben. Obwohl diese Kraft fortwährend in uns wirkt, und wir nicht einen Augenblick leben könnten ohne ihre Gegenwart, so bleibt ihr vollmächtiges Wirken in uns unterbrochen, solange wir nicht bewußt auf sie ausgerichtet leben und sie nicht täglich an uns heranbeten. Wir können als Geschöpfe nur in der Einheit mit dieser Kraft unsere volle Lebendigkeit erreichen, weshalb die Bewußtwerdung ihrer Gegenwart und unsere Hinwendung zu ihr die Voraussetzung sind für die Erfüllung unseres geschöpflichen Sinns.

Da aber der Mensch sich selbst in seiner Wahrheit nicht erkennt als diese Kraft des Schöpfers in Offenbarung, so kommt es nicht zu der notwendigen Ausrichtung auf sie. Der Mensch bleibt auf der Oberfläche seiner Schöpfung, und er erlebt dadurch nicht die Entfaltung seiner Kindschaft zu Gott, er kann nicht den Zugang finden zu der allein menschbildenden Kraft des Schöpfers in sich, die Christus in ihm, seine spirituelle Wirklichkeit, ist. Er bleibt in dem engen Raum seines willkürlichen Geistes, und damit entwickelt er ein Pseudo-Leben, das ihm selbst und seiner Umwelt zum Verderben wird. Dieses

Teil-Leben im Vergänglichen hält der Mensch für das ihm gemäße Leben, und er findet sich stumpf damit ab. Sobald der Mensch sich dessen bewußt wird, daß etwas in ihm wirkt, das im Gegensatz steht zu dem Leben, das er von sich aus gestaltet, nähert er sich dem Aufwachen zu seiner Wahrheit, zu dieser Kraft des Schöpfers in Manifestation. Er begreift nun, daß die Einswerdung mit dieser Kraft die Voraussetzung ist für die Erfüllung seines geschöpflichen Sinns. Als Geschöpf kann der Mensch nicht die Führung über sich selbst übernehmen und dabei im Sinne des Schöpfers Mensch werden, Ihm zur Offenbarung. Die Einheit zwischen der Schöpferkraft und dem Geschöpf muß erkannt werden als die Voraussetzung für die Erfüllung der geschöpflichen Aufgabe eines jeden Geschöpfes.

„Ihr werdet die Wahrheit erkennen, und die Wahrheit wird Euch frei machen", war die Aussage des zu seiner Wahrheit erwachten Menschen Jesus. Die Wahrheit ist für ein jedes Geschöpf die Kraft, aus der es geschaffen ist. Darin zu ruhen, eins mit ihr zu werden, das ermöglicht erst die Erfüllung des Sinns eines jeden Geschöpfes. Dieses erkennen wir in der uns umgebenden Schöpfung, und wir müßten begreifen, daß die Trennung zwischen dieser hier offenbarten Schöpferkraft und ihrem Werk unvermeidlich zum Stillstand des schöpferischen Geschehens führt und damit zum Tode, zu einem Nicht-Leben. Aber wir erkennen nicht, wie dasselbe bei uns geschieht, wenn wir die Verbindung mit dieser Kraft in uns verlieren und uns selbst als Schöpfer und Gestalter unseres Lebens aufspielen. Die Folgen davon sind dieses Teil-Leben im Vergänglichen und Willkürlichen, das wir unser Leben nennen. Hier ist der Anschluß an die Kraft des Schöpfers als die Voraussetzung für unsere Menschwerdung nicht eingetreten, sondern wir glauben uns im

Recht, mit unserer Schöpfung nach Gutdünken umgehen zu können. Wir ernten die Folgen davon in Not auf Not, ohne aufzuwachen und ohne zu erkennen, was uns allein not tut: die Einheit mit unserem Ursprung. Die Gleichgültigkeit der Menschheit gegenüber diesen Folgen ihres Verbleibens außerhalb der Einheit mit der Kraft, aus der sie entstanden ist, verhindert eine Erforschung der Ursache dessen, was sie zum Leiden und zur Entartung verurteilt. Immer weiter entfernt sich diese Menschheit von ihrer Wahrheit als Schöpferkraft in Offenbarung, und immer verhängnisvoller werden die Folgen davon. Der heutige Zustand dieser von ihrem Ursprung gesonderten Menschheit signalisiert ihren Untergang. Auf diesem Weg der Gottlosigkeit können uns keine von uns ausgedachten Mittel das Heil bringen; denn unser Heil liegt allein in der Hinwendung zu dem Heiligen in uns, das der Geist des Schöpfers ist, aus dem wir entstanden sind. Allein die Umkehr zu diesem Geist und die Unterordnung unter seine Weisungen können uns retten.

Aber wie können wir auf diese Umkehr hoffen, so es doch keine Verkündigung unserer Wahrheit als Schöpfergeist in individueller Offenbarung gibt? Wer predigt das wahre Evangelium vom Reich Gottes inwendig in uns? Wer verkündigt die frohe Botschaft von der Anwesenheit der Christuskraft in uns? Werden wir nicht durch die unzulänglichen Vorstellungen unserer Religionen von der grundsätzlichen Sündhaftigkeit des Menschen diesen Vorstellungen verhaftet, und hoffen wir nicht auf eine jenseitige Erlösung, wenn wir nur im Glauben an diese Vorstellungen leben und ihnen dienen? Wer verkündigt das wahre Evangelium von der Anwesenheit der Kraft des Schöpfers in unserer Schöpfung, und wer fordert uns auf, zuerst und vor allen Dingen uns mit dieser

Kraft zu verbinden, sie ohne Unterlaß in unser Leben einzubeziehen, nach ihren Weisungen zu leben? Wer sagt uns, daß nur die Wiedergeburt als der Durchbruch zu der Kraft des Schöpfers in unserer Schöpfung uns retten kann aus dem jetzigen Teil-Leben, das wir aus unserer Willkür leben? Wir leben gespalten, außerhalb des Bewußtseins für das, was wir wirklich sind: Kinder des lebendigen Gottes, Erben ewigen Lebens, Träger der Schöpferkraft zur Erfüllung unseres geschöpflichen Sinns, diese Kraft durch uns hindurchzulassen. Die Wiedergeburt ist nicht ein Vorgang, den wir erst durch den Tod erhoffen können, sondern ist notwendig in diesem Leben, auf daß wir wahrhaftig lebendig und vollmächtig werden, lebend aus Christus in uns.

6. Erziehung

Wie soll es zu einer Entwicklung unserer spirituellen Wirklichkeit kommen können, solange wir erzogen werden, ständig nach außen gerichtet zu leben? Wir werden von Kindheit an aus der Einheit mit unserer Seele vertrieben und angepaßt an das in dieser Menschheit herrschende Oberflächenleben. Wir werden fortwährend beschäftigt mit den äußeren Dingen und verlieren jeden Kontakt mit unserer Seele. Damit ist der Zugang zur Seele der Schöpfung nicht mehr möglich. Unser Leben verläuft in der Erscheinungswelt und bleibt dadurch in seiner Beziehung zu der Kraft, aus der alle Erscheinungen entstehen, gestört. Wir entfalten ein Teil-Leben, das uns verurteilt zur Beziehungslosigkeit gegenüber dem eigentlichen Leben, das vom Schöpfer ausgeht und uns erst hineinführt in die Einheit mit allem Lebendigen.

Das Gleichgewicht zwischen innen und außen, zwischen Schöpfer und Geschöpf, ist verlorengegangen durch eine Erziehung, die uns nur auf die äußere Welt ausrichtet und uns in den Dienst der Vergänglichkeit stellt. Wir werden dadurch Opfer einer inneren Unruhe, Opfer von Erschöpfung und Krankheiten, und so verlieren wir unsere Macht als Kinder Gottes, als Träger seiner Kraft zur Erfüllung unseres geschöpflichen Sinns, Ihn zu offenbaren. Nur durch ein Leben von innen nach außen entfalten wir den vom Schöpfer gewollten Menschen. Das Verbleiben im Außen, das Leben aus unseren Wünschen und Begierden, verurteilt uns zu diesem Pseudo-Leben, das ohne Mündigkeit ist. Wir leben nicht im Einklang mit der Kraft des Schöpfers, aus der wir geschaffen sind, wir horchen nicht auf die Weisungen unserer Seele, und wir erleben so nicht die Menschwerdung nach dem

Willen Gottes. Wenn wir uns selbst und unsere Mitmenschen beobachten, so erkennen wir, daß wir nicht im Frieden leben mit der Kraft, aus der wir hervorgegangen sind und deshalb auch nicht einander in dieser Kraft begegnen. Unsere Begegnungen sind ohne lebengebende Wirkung, ohne seelische Befruchtung. Wir tauschen Ansichten und Vorstellungen vom Leben aus, aber wir reichen nicht hinein in die in uns und in unseren Mitmenschen wesende Kraft des Schöpfers, und so erleben wir nicht den Einstrom neuen Lebens, neuer Kraft. Wer nicht den Durchbruch zu seiner Seele erlebt und nicht das Gleichgewicht zwischen innen und außen erreicht, bleibt ein Opfer der Vergänglichkeit und der inneren Beziehungslosigkeit zu allem Leben um ihn.

IV.

Wahrheit und Illusion

1. Religion

Mitten in allen religiösen Beschäftigungen hat der Mensch keine Religio, keine Rückverbindung mit der Kraft des Schöpfers in seiner eigenen und der Welt Schöpfung. Er wird dazu erzogen, einen Gott außerhalb seiner selbst anzubeten und sich in den Dienst der jeweils herrschenden Vorstellungen der Menschen von Gott zu stellen. Aber dieser Gott ist nicht der lebendige Gott, der mit seiner Kraft in allem Geschaffenen anwesend ist, um es zur Erfüllung seines Sinns zu führen. Wir beten nicht Gott in uns, in unseren Mitmenschen und in der Schöpfung um uns an, wir erkennen nicht unsere eigene und der Welt Schöpfung als offenbarenden Träger der Kraft des Schöpfers. Wir stellen uns nicht Ihm zur Verfügung, auf daß Er sich selbst durch uns kundtun kann. Wir beten nicht seine Gegenwart in unserer Schöpfung an, damit sie immer lebendiger und gotterfüllter wird.

Es kann für uns kein größeres Anliegen geben, als uns nach innen zu wenden und hier, in unserer Schöpfung, die Verbindung mit der Kraft Gottes aufzunehmen. Hier, wo wir sind und wo Schöpfung ist, müssen wir Gottes Kraft und Weisheit erkennen, und hier ist der Ort der lebengebenden Verbindung mit Ihm, der alles in allem ist.

Der jenseitige Gott ist eine Erfindung der um Gottes Kraft in sich nicht Wissenden, ein Gott der Religionen, der menschlichen, begrenzten Vorstellungen und Lehren von Gott, die Macht über die Menschen ausüben und sie in ihren Dienst stellen. Damit bleibt die Menschwerdung, wie sie der Schöpfer gewollt hat, unterbrochen, und wir entfalten aus unserer Unwissenheit um die in uns wesende Kraft Gottes diesen ungöttlichen Pseudo-Menschen, der sich selbst und seiner Welt zum Unheil wird. Dieser Mensch der Sonderung von seiner Gotteswirklichkeit, die Christus in ihm ist, seine spirituelle Wirklichkeit, muß verderben und entarten, denn da erst diese Kraft des Schöpfers in ihm die menschbildende Kraft ist, so bedeutet die Bewußtlosigkeit gegenüber dieser Kraft die Unterbrechung seiner Menschwerdung, wie sie der Schöpfer gewollt hat. Aus uns selbst als Geschöpfe können wir keine Menschen nach der Konzeption des Schöpfers werden. Erst durch die Umkehr zu seiner Kraft in uns beginnt unsere Menschwerdung.

Da wir aber nicht auf diese Kraft in uns ausgerichtet werden und nicht erkennen, daß sie allein unsere Menschwerdung zu bewirken vermag, bleiben wir außerhalb der bewußten Hinwendung zu ihr und erleben so die Unterbrechung ihres schöpferischen Geschehens in uns. Wir werden keine Menschen als Gottes Kraft offenbarende Geschöpfe, sondern wir bleiben im Dienst an unserer eigenen und der Menschheit willkürlichen Geistigkeit und ernten die Folgen davon in Not auf Not. Wir begreifen nicht, wie das, was der Schöpfer geschaffen hat, nur von seiner Kraft vollendet werden kann.

Wie ist es möglich, als Menschheit in einer ständigen Notlage zu verharren, Opfer zu werden von Krankheiten und Entartungen, ohne aufzuwachen zur Erkenntnis dessen, daß wir in einer Fehlhaltung leben gegenüber der in unserer Schöpfung wesenden Kraft des Schöpfers und deshalb selbst beitragen zur Unterbrechung ihres schöpferischen Geschehens in uns. Wir sind diese Kraft in Offenbarung, sie lebt in uns, aber wir werden nicht dazu erzogen, zuerst und vor allen Dingen in der Hinwendung zu ihr zu leben.

Der Aufforderung der Heiligen und Erleuchteten, zuerst und vor allen Dingen auf diese Kraft in uns in Liebe und Anbetung, in Ehrfurcht und Gehorsamkeit ausgerichtet zu leben, sind wir nicht gefolgt. Wir bleiben in der Sonderung vom Ursprung und Schöpfer unseres Lebens und unterbinden dadurch selbst sein Wirken in uns. Nichts können wir tun, um unsere Schöpfung zur Sinnerfüllung zu führen, ohne die Einbeziehung dieser Kraft des Schöpfers in unser Bewußtsein und ohne ihre ständige Anbetung. Die Liebe zu Gott als die erste und vornehmste aller Forderungen und die Anbetung seiner Gegenwart ohne Unterlaß haben wir nicht als die Voraussetzung für unsere Menschwerdung verstanden. Wir sind verhaftet den uns überlieferten Vorstellungen unserer Religionen von einem Gott in fernen Himmeln, den wir anbeten, während wir gleichgültig und ehrfurchtslos mit seiner Wohnstätte, unserem Körper, umgehen und ihn in den Dienst unserer Willkür stellen. So bleibt Gott ohne Möglichkeit seiner Offenbarung durch uns, und wir tragen bei zur Gottlosigkeit unserer Welt.

2. *Hinwendung*

Die Menschen können Gott, den Schöpfer, nicht verlieren. Sie haben keine Möglichkeit des Heils ohne die Verbindung mit dem Heiligen in sich. Die Geschichte dieser Menschheit mit ihren nie aussetzenden Nöten und Katastrophen legt Zeugnis ab von ihrem aussichtslosen Versuch, ohne Gott zu leben. Solange wir einen äußerlichen Gott anbeten und unter der Herrschaft menschlich begrenzter Lehren von Ihm leben, können wir in unserer wahren Entwicklung als Kinder Gottes nicht weiterkommen, sondern wir entfernen uns von seiner Kraft in uns, verlieren unsere wahre Identität und gehen sinn-los zugrunde.

Wenn wir Gott recht erkennen als den Schöpfer und Urheber alles dessen, was geschaffen ist, so müssen wir auch uns selbst erkennen als seine Kraft in Offenbarung und begreifen, daß wir auf diese Kraft ausgerichtet leben müssen, damit sie sich durch uns offenbaren kann. Es kann für uns keinen anderen Weg zu Gott geben als den Weg der Verinnerlichung, den Weg zur Bewußtwerdung, daß wir Gottes Kraft in dieser Offenbarung sind und die Einheit mit ihr die Voraussetzung für unsere Menschwerdung ist nach der Weisheit des Schöpfers. Was der Schöpfer angefangen hat, kann nur von Ihm vollendet werden, weshalb wir verurteilt sind zur Sinnlosigkeit, solange wir ohne die Hinwendung zu seiner Kraft in uns leben und wir uns nicht nach ihren Weisungen richten. Die Liebe zu Gott als das erste und vornehmste aller Gebote können wir nur vollziehen, wenn wir erkennen, wo Gott ist. Da Gott, der Schöpfer, alles in allem ist, müssen wir Ihn in seinem Werk lieben, das wir selbst und alles Geschaffene sind. *„Niemand hat Gott je gesehen."* Nur der

Mensch, der sich selbst erkennt als die Kraft des Schöpfers in Offenbarung und sich mit dieser Kraft verbindet, wird zu ihrer Offenbarung in der Welt, damit seinen geschöpflichen Sinn erfüllend. Gott, der Schöpfer, strahlt seine Kraft aus in seinem Werk, und hier ist für uns in unserer eigenen und der Schöpfung Welt der Ort der Begegnung mit Gott, hier will Er von uns erkannt und angebetet werden. Deshalb bleiben alle Hinwendungen zu unseren Gottesvorstellungen und alle Anbetungen der uns überlieferten Lehren von einem Gott außerhalb unserer Schöpfung ohne Aktivierung der Gegenwart der Kraft Gottes in uns, wie wir auch dadurch nicht in eine Verbindung kommen mit seiner Gegenwart in allem Geschaffenen um uns.

„Gott ist unser Wort für das Geheimnis der Kraft, aus der alles gemacht ist, was gemacht ist, und ohne sie ist nichts gemacht, was gemacht ist. In ihr ist *das Leben,* und *das Leben* ist das Licht des Menschen. Und es scheint in der Finsternis (in unserer Bewußtlosigkeit gegenüber ihrer Gegenwart), und die Finsternis erkennt es nicht. Aber allen, die es erkennen und annehmen, gibt es Macht, Kinder Gottes zu sein." Wenn wir dieses erkennen würden, daß das Leben, das uns lebt, Gottes Kraft und Weisheit ist, und wenn wir uns in Liebe und Anbetung dieser Kraft zuwenden, sie ständig in unser Bewußtsein heben würden, dann würden wir zur Offenbarung dieser Kraft Gottes werden und damit unseren geschöpflichen Auftrag erfüllen, sie auszustrahlen.

Der Verlust der Einheit mit dieser Kraft des Schöpfers in uns, die unsere spirituelle Wirklichkeit, Christus in uns ist, verurteilt uns mitten in allen noch so eifrigen religiösen Beschäftigungen zum Los des verlorenen Sohnes. Gott – als das Leben in uns – will in diesem Leben angebetet werden, damit es sich entfalten kann und uns mit seinem Licht erleuchtet. Deshalb ist der Weg zu Gott allein der Weg nach innen, wo Er anwesend ist mit seiner Kraft, um aus uns Menschen zu machen, die Ihn offenbaren.

Es müßte dem Menschen einleuchten, daß er mit allen seinen religiösen Beschäftigungen nicht fortschreitet auf dem Weg der Menschwerdung im Sinne des Schöpfers. Unsere Teilnahme an Gottesdiensten und Sakramenten, unsere täglichen Gottesanbetungen, die sich an einen Gott außerhalb von uns wenden, bleiben ohne vergöttlichende Wirkung auf unser Leben. Wir setzen unseren Weg des verlorenen Sohnes fort, ernten immer mehr Unheil und nehmen zu an Unmenschlichkeit und Gottlosigkeit, während wir unseren religiösen Praktiken weiter nachgehen und uns auch noch christlich nennen.

Die Tragik unserer religiösen Beschäftigungen liegt in unserer Unkenntnis um die Allgegenwart des Schöpfers in allem Geschaffenen, weshalb unsere Anbetung Gottes erst dann ein An-uns-heranbeten seiner Kraft und Weisheit ist, wenn wir ehrfürchtig und liebend allem Lebendigen zugeneigt leben. *„Gott ist alles in allem, in Ihm leben wir und bewegen wir uns und haben unser Sein."* Wenn wir dieses begreifen, daß wir als Geschöpfe nichts anderes sein können als seine Kraft in Offenbarung, wie können wir dann außerhalb unserer eigenen und der Welt Schöpfung uns an Gott wenden und unsere Vorstellungen von Ihm anbeten und hoffen auf eine Vergöttlichung unseres Lebens! Wir können an der Unwirksamkeit unserer Gottesanbetung erkennen, daß wir durch unsere Sammlung auf die uns überlieferten Lehren von einem Gott in fernen Himmeln nicht in eine lebengebende Beziehung zu Gott hineinkommen. Erst wenn wir Gott recht erkennen als *„alles in allem,"* als die Kraft in allem Geschaffenen, und wenn wir in Liebe dieser Kraft zugewandt leben, in uns selbst und in der Schöpfung um uns, dann beginnt jene ersehnte Synthese mit dem Göttlichen. Wir erleben unsere Verwandlung und Neuschöpfung und wachsen hinein in die Macht unserer Gottes-Kindschaft.

Wie aber soll es zu dieser rechten Erkenntnis Gottes kommen, auf daß wir erlöst werden aus allen von Menschen erdachten Vorstellungen von Ihm, die in den verschiedenen Religionen herrschen und uns irreführen? Ist nicht unsere Geschichte durch die Zeiten Zeugnis genug für die falschen Lehren von Gott und von Göttern, die uns immer weiter von der Wirklichkeit Gottes abgetrieben haben? Anstatt durch unsere Hinwendung zu den überlieferten Lehren von Gott in wachsendem Maße vergöttlicht zu werden, erleben wir, wie wir immer weiter an Ungöttlichkeit zunehmen und uns zu Widersachern der gottgewollten Ordnung entwickeln. Wir gehen zu unseren Gottesdiensten und fühlen uns als Nachfolger des zu Christus in sich vorgedrungenen Menschen Jesus und erwarten unser Heil in einem Jenseits, während es unsere von Gott gegebene Aufgabe ist, hier und jetzt seine Herrschaft in unserer eigenen und der Welt Schöpfung aufzurichten.

Diese falsche Interpretation der Botschaft Jesu vom *„Reich Gottes inwendig in uns"* durch die Kirche hat uns um die erlösende und heilende Kraft seines Evangeliums gebracht und uns unserer Gottferne verhaftet. Wir beten Christus in Jesus an und verleugnen ihn in unserer eigenen Schöpfung. Wir begreifen nicht, daß auch wir, gleich Jesus, in der Einheit mit unserem Ursprung leben müssen, auf daß seine Kraft, die Christus in uns ist, auch uns erlöst aus der uns verderbenden Sonderung von ihr.

„So jemand ist in Christus, so ist er eine neue Schöpfung; das Alte ist vergangen, etwas Neues ist geworden." Allein Christus in uns ist unser Erlöser und Heiland.

3. *Wiedergeburt*

Solange der Mensch einem Persönlich- und Vergänglichkeitsbewußtsein verhaftet lebt, bleibt er unfähig, etwas über Gott auszusagen. Erst mit der Wiedergeburt, mit dem Durchbruch zu seiner spirituellen Wirklichkeit, die das ihm vom Schöpfer gegebene Leben ist, beginnt er, diese Kraft durch sich auszustrahlen. Damit steht er in der Menschwerdung nach der Weisheit des Schöpfers, und er wächst organisch hinein in die Macht seiner Kindschaft zu dem allmächtigen Schöpfer. Da nur Gott Gott offenbart, so begreifen wir die Unfähigkeit des Menschen, zur Offenbarung seiner Kraft zu werden, solange er nicht den Durchbruch zu dieser Kraft Gottes in sich erlebt hat, und er nicht in der Ausrichtung auf diese Kraft lebt, sie erkennend als seine Lebenswirklichkeit schlechthin, da doch Gott, der Schöpfer, Ursprung und Gegenwart allen Lebens ist.

Die menschlich begrenzten Vorstellungen der herrschenden Religionen von einem Gott außerhalb seiner Schöpfung haben uns um die Erkenntnis gebracht, daß Gott alles in allem ist, die innerste Kraft und Wirklichkeit in allem, was geschaffen ist. *„In Ihm leben wir und bewegen wir uns und haben unser Sein."* Eine Trennung von dieser Kraft, aus der wir entstanden sind und die uns ständig bewirkt, kann nur in unserem Bewußtsein stattfinden. Indem wir Gott als außerhalb unserer Schöpfung wesend anbeten, verhindern wir selbst die lebengebende Verbindung mit seiner Kraft in uns und in der Schöpfung um uns. Damit unterbrechen wir das schöpferische Geschehen dieser Kraft in uns und damit unsere Menschwerdung nach ihrer Konzeption. Wir leben nicht im Glauben an diese Kraft in uns und im Vertrauen darauf, wir werden nicht erzogen, uns mit ihr ohne Unterlaß zu verbinden und auf ihre Gebote zu horchen und ihnen zu gehorchen, sondern wir werden dazu erzogen, uns an die menschlich begrenzten Lehren unserer Religionen von einem Gott außerhalb unserer Schöpfung zu wenden. Dort beten wir Ihn an und erleben dabei keine Synthese mit der in uns wesenden Kraft Gottes. Die Lehre vom Sündenfall des ersten Menschenpaares hat uns über die Zeiten diesem Pseudo-Leben anhaften lassen, das wir führen, getrennt von unserer Wahrheit, die Gottes Kraft in uns ist. Wir identifizieren uns mit dem Zustand unserer Gottlosigkeit und leben beruhigt in der Sonderung von unserer spirituellen Wirklichkeit, fühlen uns im Recht, mit unserem Leben willkürlich umgehen zu können, während wir uns religiös beschäftigen und im Dienst der uns überlieferten Gottesvorstellungen leben, hoffend auf ein seliges Leben im Jenseits! In diesem Leben bleiben wir unter dem Fluch der Erbsünde und nehmen stumpf die Folgen unserer Gottlosigkeit hin in Not und Verderben, als wäre es unser Los in dieser Welt, dem wir nicht entrinnen können! Wir haben nicht die frohe Botschaft Jesu von dem Reich Gottes, des Schöpfers inwendig in uns, verkündigt bekommen, wir sind nicht erweckt worden zum Erkennen der Gegenwart des Schöpfergeistes in unserer Schöpfung, weshalb unsere Menschwerdung unterbrochen ist und wir ausgeliefert sind allen uns verderbenden Folgen eines Teil-Lebens im Persönlichen und Vergänglichen. Wir leben von unserem Ursprung abgesondert, einer geschöpflichen Verkehrtheit anheimgefallen. Wir offenbaren unseren willkürlichen Geist, und alles, was wir aus ihm tun, treibt uns weiter hinein in ein gottloses Dasein, das uns und der uns anvertrauten Schöpfung zum Verderben wird. Die von Jesus geforderte Umkehr zum göttlichen Ursprung unseres Lebens erkennen wir nicht als die Voraussetzung für unsere Menschwerdung. Die Wiedergeburt als die Bewußtwerdung der Kraft des Schöpfers, die uns lebt, und unsere Anbetung dieser Kraft führen zu ihrer Aktivierung, öffnen uns für ihren Einstrom in unser Leben und erhöhen so fortwährend unsere Lebendigkeit und Vollmacht. Wer in dieser Kraft des Schöpfers in sich bewußt lebt, ist wiedergeboren, ist erlöst aus der Enge eines Teil-Lebens im Persönlichen und Vergänglichen, und von ihm gehen die Kräfte schöpferischen Lebens aus, die sich zum Heil der Welt auswirken. Die Aussage Jesu, daß der Mensch ohne die Wiedergeburt Gott nicht *sehen* kann, nicht seine Gegenwart in sich wahrzunehmen vermag, müßte uns dessen bewußt werden lassen, daß die Wiedergeburt das allein Notwendende für uns alle ist, sollen wir Menschen werden im Sinne des Schöpfers Ihm zur Offenbarung und zur Verwirklichung seines Reiches in dieser Welt.

Da aber der Mensch noch begrenzt lebt in einer geschöpflichen Verkehrtheit und sich selbst als Schöpfer und Gestalter seines Lebens aufspielt, so bleibt das Reich Gottes in ein Jenseits verlegt, und der Mensch fühlt sich unter den Fluch der Gottferne gestellt und hält das verderbliche Teil-Leben, das er führt, für das ihm vom Schöpfer zugedachte Leben in dieser Welt, und er findet sich stumpf damit ab. Das Wort: *„Ihr sollt heilig sein, denn ich, Euer Gott, bin heilig"*, wird nicht als eine Aufforderung an uns alle zur Heiligkeit gedeutet, was nicht anders zu verstehen ist, als daß wir unsere geschöpfliche Heilheit errreichen sollen, die Einheit mit der Kraft des Schöpfers, aus der wir entstanden sind, damit diese Kraft unsere Menschwerdung bewirkt. Wir als Geschöpfe können uns nicht selbst Sinn und Ziel geben, ohne der Sinnlosigkeit zu verfallen. Was Gott geschaffen hat, kann nur von seiner Kraft zur Sinnerfüllung geführt werden.

4. Gottlosigkeit

Welcher Wahn verblendet unsere Augen, daß wir nicht erkennen können, welch ein erbärmliches Pseudo-Leben wir führen, fern von dem wirklichen Leben, das ein schöpferisches Von-selbst-geschehen ist, das uns von einer Stufe zur anderen trägt und uns in die Macht unserer Kindschaft zu dem allmächtigen Schöpfer hineinwachsen läßt. Können wir denn unser hinfälliges, krankes und von allen verderbenden Mächten heimgesuchtes Dasein in dieser Welt hinnehmen, als wäre uns dieses Los von Gott zugedacht? Können wir an einen solchen Gott glauben, der sein höchstes Geschöpf so schlecht ausgerüstet hat, daß dessen Leben in dieser Welt ständig bedroht ist und es ohne Sinnerfüllung zugrunde geht?

Dieses Leben, das wir führen, ist ein Teil-Leben aus unserer Vergänglichkeit und Willkür, das wir in Unwissenheit um das, was das wirkliche Leben ist, hinnehmen, als wäre es uns zugedacht in dieser Welt. Könnten wir endlich aufwachen aus unserer Bewußtlosigkeit gegenüber dem, was Leben eigentlich ist, als eine Ausstrahlung der Kraft des unsichtbaren Schöpfers! Würden wir uns mit dieser Kraft in uns verbinden, sie ständig ohne Unterlaß anbeten, bis wir in der Gesamtheit unserer Schöpfung von ihren Energien erfüllt wären, wir erlangten wahrhaftes Leben, und durch uns würden wir die schöpferischen Kräfte Gottes aussenden zur Belebung unserer Welt.

Dieser Mensch der Gotterfülltheit hat im Leben der großen Erleuchteten sich offenbart, und so kam einer, der von der Einheit mit dem Ursprung so überwältigt wurde, daß er bekennen konnte: *„Ich und der Vater sind eins, wer mich sieht, der sieht Ihn, der mich gesandt hat."*

Seine Verbindung mit der Kraft des Schöpfers, aus der er hervorgegangen war, wurde so lebendig erlebt, daß er zur Ausstrahlung dieser Kraft wurde, die sich dann zum Heil seiner Mitmenschen auswirkte. Daß dieser Mensch sich selbst in seiner Wahrheit erlebte als Kraft des Schöpfers in Offenbarung, machte ihn zu einer Ausnahme in einer Menschheit, die sich identifizierte mit dem verderbenden Zustand ihrer Sonderung von dieser Kraft. Seine Vollmacht und seine Heilkraft erschreckten die Menschen, und sie riefen ihm zu: *„Aus welcher Macht tust Du all dieses, und wer hat Dir die Macht gegeben, es zu tun? Bist Du von oben oder von unten, von Gott oder vom Teufel?"* So unwissend um ihre geschöpfliche Beziehung zu dem unsichtbaren Schöpfer allen Seins lebten die Menschen, daß sie in ihm nicht den wahren, den von Gott gewollten Menschen erkannten. Er beunruhigte und erschreckte sie in seiner grundsätzlich anderen Art des Lebens, und so wurde er denjenigen zum Ärgernis, die bislang die Macht über die Menschen ausübten. Sie bezichtigten ihn der Gotteslästerung und verurteilten ihn als Verführer der Menschen und lieferten ihn dem Tode aus. Sie erkannten die Gefahr, die für sie von seiner Gotteinigkeit ausging, und so mußten sie ihn beseitigen.

Dieser Tragödie der Verfolgung sind alle Menschen ausgesetzt, die sich den herrschenden Mächten dieser Welt entgegenstellen und durch ihr Leben offenbaren, daß es eine Erlösung für uns Menschen gibt aus der Begrenzung und dem Verderben unserer Unwissenheit um die in uns wesende Kraft des Schöpfers. Unzählige Menschen sind Opfer geworden der zur Macht gekommenen Gottes-Vorstellungen der verschiedenen Religionen. Die grausamen Religionskriege sprechen ihre Sprache von der Unfähigkeit dieser Institution, die Wahrheit zu empfangen, die in den gotterfüllten Menschen aufleuchtet. Die Gefahr wurde dort erkannt, daß die errungene Macht über die Menschen verlorengehen könnte, und dieses führte zur Bekämpfung aller derer, die von dem Licht des ewigen Lebens erleuchtet waren und sind und zur Annahme dieses Lichtes aufriefen und rufen.

So tief entfernt lebt diese Menschheit von dem göttlichen Ursprung allen Lebens, daß sie die Retter aus ihrer Verlorenheit und Selbstentfremdung nicht erkennt, wenn sie erscheinen. Hier herrscht die Sonderung von der Kraft des Schöpfers in der Schöpfung des Menschen, hier ist Gott mit seiner Anwesenheit in seinem Geschöpf Mensch nicht erkannt worden, hier spielt sich das Geschöpf Mensch als Herrscher über dieses Eigentum des Schöpfers auf, das er ist, und es verfällt damit der Sinnlosigkeit und dem Verderben. *„Der Sünde (als der Sonderung) Sold ist der Tod"*, ist das Nicht-Leben, und in diesem Zustand befindet sich diese Menschheit. Sie lebt nicht das ihr von dem Schöpfer gegebene ewige Leben, sondern sie verharrt in der Unwissenheit um ihre Wahrheit als Kraft des Schöpfers in Offenbarung, und so erlebt sie die sie verderbenden Folgen davon in Not auf Not, ohne aufzuwachen zu dem, was ihr allein not tut.

V.

Nicht-Sein und Ewiges Leben

1. Selbsterkenntnis

Der heutige Mensch lebt in einem gefährlichen Verlust des Gleichgewichts zwischen innen und außen, zwischen dem Schöpfergeist und seiner Schöpfung Mensch. Die unvermeidbaren Folgen davon sind eine Unterbrechung seiner Menschwerdung. Könnten wir dieses verstehen, daß die Menschwerdung eine Angelegenheit des Schöpfers ist, so würden wir die Erklärung dafür finden, warum diese Menschheit mit allem Aufgebot ihres willkürlichen Geistes nichts anderes bewirken kann als eine immer tiefer werdende Sonderung vom Urheber der Schöpfung, die ihre Sinnerfüllung unmöglich macht. Es gibt keine noch so eifrig betriebene Entfaltung unseres Geistes, die uns in die Menschwerdung nach dem Willen des Schöpfers hineinführen kann; denn wer offenbart Gott außer Gott allein! Da Gott alles in allem ist, Ursprung und Gegenwart, so kann der Mensch Gott nur offenbaren, wenn er auf seine Kraft in sich ausgerichtet lebt.

Dieses Erkennen der Kraft des Schöpfers in uns und das Bekenntnis zu ihr sind deshalb von entscheidender Notwendigkeit, sollen wir aus der jetzigen Gottlosigkeit erlöst werden, die fortwährend Unheil zeugt und uns der Unmenschlichkeit ausliefert. Wir müssen zur wahren Selbsterkenntnis erwachen, was identisch ist mit Gotteserkenntnis, da doch Gott, der Schöpfer, alles in allem ist, Urheber und Ursprung alles dessen, was lebt. Erkennen wir die Kraft des Schöpfers, die für uns das Urgeheimnis allen Seins ist, als unsere Wahrheit, die uns wahr macht, so erkennen wir auch die Notwendigkeit unserer Hinwendung zu dieser Kraft, sollen wir uns nach ihrem Bild entwickeln und zu ihrer Ausstrahlung in der Welt werden. Ein Mensch, der sich nach innen wendet und sich mit dieser Kraft, die in ihm Leben bewirkt, verbindet, erlebt ihren Einstrom in seinem Bewußtsein, und er wächst organisch hinein in die Macht seiner Kindschaft zu ihr.

Wird diese in uns wesende Kraft nicht angebetet, geliebt und verehrt, hat dies zur Folge, daß wir dem engen Raum unserer Vergänglichkeit und Willkür verhaftet bleiben, unfähig unseren geschöpflichen Auftrag zu erfüllen, diese Kraft in individueller Mannigfaltigkeit zu verwirklichen. Wir offenbaren unseren eigenen Geist, gesondert vom Schöpfergeist, und wir erleben keine Vergöttlichung als wahre Lebendigkeit unseres Lebens, wirken uns nicht heilend auf unsere Welt aus, leben nicht dem Heiligen in uns zugewandt. Obwohl wir alle unter dem Verhängnis der Trennung von der Kraft des Schöpfers in uns leiden und uns zum Schaden unserer Welt auswirken, erkennen wir nicht die Ursache dafür in unserer spirituellen Bewußtlosigkeit. Wir leben nicht als Geschöpfe Gottes, als Menschen, die von seiner Kraft geschaffen und deshalb Träger göttlichen Lebens sind, sondern wir identifizieren uns mit unserer Vergänglichkeit und halten es für natürlich und zu unserem Los gehörend, in dieser Welt zu leiden und wider Willen uns zum Unheil auszuwirken.

Es ist unbegreiflich, warum wir inmitten unserer Unheiligkeit und unserer Unfähigkeit, unseren geschöpflichen Sinn zu erfüllen, nicht aufwachen zu der Erkenntnis dessen, daß wir einer geschöpflichen Verkehrtheit verhaftet leben und keine Verbindung mit unserem Ursprung aufbauen. Wir leben aus unserem eigenen willkürlichen Geist, ohne Verbindung mit dem Schöpfergeist. Könnten wir Gott recht verstehen als die Kraft, *„aus der alles ge-*

macht ist, was gemacht ist, und ohne sie ist nichts gemacht, was gemacht ist", so würden wir auch erkennen, daß unsere Begegnung mit Gott in unserer eigenen und der Welt Schöpfung liegt. Hier ist der Ort der Liebe zu Gott, hier ist seine Kraft in allem Geschaffenen wirksam, und unsere Anbetung dieser Kraft in uns und in allem Lebendigen um uns läßt uns von dieser Kraft bewirkt werden. Was nützt es uns, zu einem Gott zu beten, der außerhalb der Schöpfung in fernen Himmeln thront, und welche Wirkung auf unser Leben geht von diesen Gottesanbetungen aus? Erst wenn wir Gott recht erkennen als unsere eigene und der Welt Schöpfung und anfangen, Ihn hier anzubeten, beginnt der Einstrom seiner Kraft in unser Leben, und wir erleben Gott als eine Wirklichkeit, die uns wirklich macht. In jedem Menschen, in jedem Tier, in jeder Pflanze ist die Kraft des Schöpfers wirksam, und hier wartet Er auf unsere Anbetung und Liebe. Wo sonst können wir Gott finden außer dort, wo Er wirkt? Alle diese Gottesanbetungen der Religionen, die sich an einen fernen Gott wenden, führen nicht ihre Anhänger zu der Begegnung mit dem lebendigen Gott. Sie dienen der Macht menschlicher Vorstellungen von Gott und machen die Menschen zu ihren Anhängern, ohne sie durch diesen Gottesdienst hineinzuführen in eine lebengebende Verbindung mit der Gegenwart Gottes in ihrer Schöpfung wie in der Schöpfung der Welt.

Gott ist nur da anwesend, wo Er wirkt, und Er wirkt in seinem Werk, das wir und alles Geschaffene sind, und hier ist der Ort unserer Anbetung. Beten wir in Ehrfurcht und Liebe diese wunderbare Schöpfung, die wir sind, an, und gehen wir hinein in die uns umgebende Schöpfung und rufen hier die Kraft Gottes an, die ohne Unterlaß am Werke ist, um Schöpfung auf Schöpfung zu schaffen, so werden wir eine Verbindung mit den hier wirkenden

Energien herstellen und davon belebt und beseelt werden. Jeden Augenblick stehen wir in uns selbst und in allem Geschaffenen vor dem Wunder des Schöpfers, und hier müssen wir Ihn anbeten, hier wartet Er auf unsere Liebe.

2. *Verinnerlichung*

Nicht der Schöpfer mit seiner Kraft ist der Herr unseres Lebens, nicht seine Gegenwart in unserer Schöpfung wird erkannt und angenommen, sondern wir leben, als wären wir die Eigentümer und die Herren dieser vom Schöpfer ausgegangenen Schöpfung, und wir stellen sie in den Dienst unserer Willkür und Vergänglichkeit. Unfähig zu bleiben, unseren geschöpflichen Auftrag zu erfüllen, die Kraft des Schöpfers in individueller Vielfalt zu offenbaren, halten wir für das Los unseres Lebens, und wir finden uns stumpf damit ab. Wir sind Opfer der herrschenden Vorstellungen unserer Religionen von dem bereits im Anfang der Schöpfung des Menschen eingetretenen Abfallens von Gott, und wir glauben, aus der Verbindung mit Ihm ausgestoßen zu sein und erst in einem Jenseits in das Paradies als in die Gotteinigkeit hineinkommen zu können, wenn wir nur im Glauben an unsere religiösen Lehren verbleiben und ihnen dienen!

Diese von Menschen ausgedachten Heilslehren müssen wir überwinden und in ihrer Unwahrheit erkennen, damit wir zur Erkenntnis dessen aufwachen, daß Gott unser Leben ist und der Weg zu Ihm hineinführt in seine in unserer Schöpfung wirkende Schöpferkraft. Hier wirkt Gott unser Leben, hier ist seine Kraft wirksam, und hier ist der Ort der Begegnung mit Ihm, der alles in allem ist. Die Verinnerlichung des Menschen, sein Gehen nach innen, um die Kraft, die hier wirksam ist, in Ehrfurcht und Liebe anzubeten, sie in unser Bewußtsein hereinzubeten, ist die alleinige Voraussetzung für den Einstrom dieser Kraft in unser Leben. *„Die Ehrfurcht vor Gott ist aller Weisheit Anfang."* Und wie wirkt sich diese Kraft aus, wenn nicht durch eine Belebung und Beseelung unseres

Lebens, durch eine Aktivierung der hier wirkenden schöpferischen Energien. Dieser Anschluß an uns selbst in der in uns wirkenden Schöpferkraft führt zur wahren Lebendigkeit, da doch diese Kraft *das Leben* in allem Leben ist, die innerste Kraft und Wirklichkeit in allem, was lebt. Wir sind alle aus dieser Kraft entstanden, und sie allein ist zuständig für unsere Menschwerdung im Sinne des Schöpfers. Wenn wir aber diese Kraft in den Dienst unserer Willkür stellen und dem Wahn unterliegen, das Recht zu haben, damit willkürlich umzugehen, so erleben wir das Los des verlorenen Sohnes, und wir verfallen der Sinnlosigkeit. Gleichgültig, welche Leistungen wir aus den Mitteln unseres willkürlichen Geistes vollbringen und wie wir von der Menschheit geehrt werden, solange wir unsere Aufgabe nicht erfüllen, die Kraft des Schöpfers durch uns zu offenbaren, gehen wir, ohne den eigentlichen Sinn unseres Lebens zu erfüllen, zugrunde.

Wie ein Baum ohne Wurzeln welkt und verdirbt, gehen auch wir Menschen ohne den Anschluß an unseren Ursprung zugrunde und entarten. Es gibt keinen anderen Weg, der zur Menschwerdung im Sinne des Schöpfers führt, als allein den Weg zurück zu der Kraft, aus der wir entstanden sind. Sie allein ist die menschbildende Kraft des Schöpfers, und wer sich zu ihr bekennt und ihren Weisungen folgt, der geht von einer Entfaltung zur anderen hinein in das uns vom Schöpfer gegebene Leben, das das Leben aus Ihm ist. Diese Kraft ist immer bei uns, aber solange wir nicht auf sie ausgerichtet leben, bleibt sie in unbewußte Bereiche verdrängt und kann sich nicht menschbildend im Sinne des Schöpfers auswirken. Wenn wir unsere geschöpfliche Situation erkennen, die uns grundsätzlich vom Wirken des Schöpfergeistes abhängig macht, sollen wir Menschen werden nach seinem Willen, und wenn wir uns in Liebe dieser Kraft zuwenden, so erleben wir die Menschwerdung als identisch mit Gottesoffenbarung durch uns. Es gibt keine andere Möglichkeit, uns als Menschen zum Heil unserer Welt auszuwirken, als die Bewußtwerdung des Heiligen in uns und die Hinwendung dazu. *„Wer in mir bleibt und ich in ihm, der trägt viel Frucht";* dieses bleibt die ewig gültige Aussage dieser Kraft des Schöpfers in uns. Auch wir Menschen vermögen nicht, durch die Entwicklung unseres Geistes die Menschwerdung zu erreichen; dieses ist allein die Aufgabe des Schöpfergeistes. Wir dürfen uns nicht selbst als Gestalter und Schöpfer unserer Schöpfung aufspielen, ohne dem Verderben der Sinnlosigkeit anheimzufallen. Als Geschöpfe bleiben wir vom Schöpfer und seinem Wirken abhängig, um Menschen zu werden.

3. Erneuerung

Es gibt noch keine Ausrichtung des Menschen auf seine Wahrheit, die die Kraft des Schöpfers in ihm ist. Wir leben alle nach außen gerichtet, fortwährend abgezogen durch das, was in der Welt geschieht. So geraten wir in eine Sonderung von uns selbst in unserer Beziehung zu unserer eigenen und der Welt Schöpfung hinein, und wir erkennen nicht, daß wir zuerst und vor allen Dingen nach der Einheit mit der Kraft, aus der wir entstanden sind, suchen müssen, damit wir den Weg zu dieser Kraft in der Schöpfung um uns finden. Unsere Verbindung mit der Schöpferkraft in uns und in allem Lebendigen um uns ist das allein Notwendige, sollen wir von dieser Kraft erfüllt werden.

Der Glaube an Gott und die liebende Hinwendung zu Ihm als die erste und vornehmste aller Forderungen geschieht erst dann, wenn wir Gott recht erkennen als das Leben in allem Leben, als die Schöpferkraft, *„aus der alles gemacht ist, was gemacht ist, und ohne sie ist nichts gemacht, was gemacht ist. In ihr ist das Leben."* Folglich werden wir erst wahrhaft lebendig, wenn wir auf diese innere Kraft des Schöpfers in uns und in der Schöpfung um uns im Glauben und in Anbetung ausgerichtet leben. Nicht die äußere Erscheinung ist das Wesentliche, sondern erst die in allem Äußeren wirkende Schöpferkraft ist für uns von lebenerneuernder Bedeutung. Die bewußte Hinwendung zu dieser Kraft und ihre Einbeziehung in unser tägliches Leben lassen uns unter die Einwirkung ihrer schöpferischen Energien kommen. Die Liebe zu Gott ist deshalb erst wirkungskräftig, wenn wir den Weg nach innen gehen und hier seine Anwesenheit anbeten. Unsere überlieferten religiösen Vorstellungen von einem Gott außerhalb seiner Schöpfung führen uns in die Irre und lassen uns nicht wahrhaft lebendig – weil gotterfüllt – werden. Wir wenden uns hier nicht an die Wirklichkeit Gottes, die sich in allem Geschaffenen manifestiert, sondern wir beten ein Bild von Ihm an, das nur ein Abziehbild von seiner nie aussetzenden Anwesenheit in allem Geschaffenen ist.

Diese uns von den Religionen überlieferten Lehren und Dogmen von Gott trennen uns von seiner Gegenwart in allem Geschaffenen und verhindern so unsere Vergöttlichung, unsere wahre Lebendigkeit. Da Gottes Kraft in uns *das Leben* ist, das lebendig und wahrhaft schöpferisch macht, so müssen wir uns diesem Leben Gottes in uns zuwenden und es täglich in unser Bewußtsein hereinbeten. Wer gottesbewußt lebt, lebt wahrhaft lebensbewußt. Er erkennt sich selbst in seiner Wahrheit und betet diese Wahrheit an, sammelt sich auf ihre Gegenwart und ermöglicht so ihr Wirken in sich. Dieser sich selbst als Gottes Kraft in Offenbarung erkennende Mensch ist der Mensch in Christus, der vom Geist des Schöpfers erfüllte Mensch, der von sich bekennen kann: *„Ich und der Vater sind eins, wer mich sieht, der sieht den Vater, der mich gesandt hat."*

Diese wahre Selbsterkenntnis fehlt uns noch, weshalb auch unsere Menschwerdung im Sinne des Schöpfers nicht geschehen kann. Wir leben nicht ausgerichtet auf die in unserer Schöpfung wirkende Kraft des Schöpfers, und wir erkennen nicht die Anwesenheit dieser Kraft in allem Geschaffenen um uns und finden so keine lebengebende Synthese miteinander im Wesenhaften, wie wir auch nicht durchdringen zum Wesen aller Dinge. Unser außerhalb der Kraft des Schöpfers gelebtes Leben ist ohne heilende und sinnerfüllende Kraft. Wir gehen wesenslos aneinander vorbei und vermögen nicht, zu einer Erweckung des in uns wesenden Lebens aus dem Ursprung beizutragen. Wir können nicht eine tiefere Wirkung auf unsere Umwelt ausüben, wenn wir nicht aus seelischer Tiefe leben. Es gibt keine Möglichkeit, die Seele unserer Mitmenschen anzusprechen, solange unsere Seele nicht in unser Leben einbezogen ist. Wir bewirken das Leben um uns nur aus der Dimension, in der wir selbst leben. Dieses erklärt die vorübergehenden und oberflächlichen Beziehungen zueinander, unter denen wir alle leiden. Die Liebe als das Band der Vollkommenheit ist noch eine unbekannte Größe unter uns Menschen. Wir lieben so vordergründig wie wir leben. Was wir heute lieben, ist morgen schon vorbei und vergessen.

Die Fähigkeit, eine wirkliche Liebe zu vollziehen, kann nur aus unserer Seele entspringen, die uns mit allem Wesenhaften verbindet. Wer eine lebendige Seele hat, ist mit der Seele aller Dinge verbunden, und er erlebt sich selbst als in der Einheit allen Lebens aus dem Ursprung stehend. Er ist ein Liebender als ein wahrhaft Lebendiger. Wenn wir die Seele erkennen als die in uns wesende Kraft des Schöpfers, so begreifen wir, daß diese Kraft sich mit allem Leben im *Wesen* verbindet. Das ist das Geheimnis des mit dieser Kraft in sich verbundenen Menschen, weshalb er ein anlaßlos Liebender ist. Er fragt nicht nach Gegenliebe, denn er hat die Grenze überschritten, die uns voneinander trennt. Er durchbricht die Grenze im Äußeren und Gewordenen, und er erlebt die in unbewußten Bereichen verschüttete Kraft des Schöpferprinzips und verbindet sich in Liebe damit. Er schaut durch die Erscheinungswelt hindurch zu der darin wirkenden Kraft des Schöpfers, und er verbindet sich in Liebe damit.

Für den zu seiner Seele vorgedrungenen Menschen ist Gott, der Schöpfer, in seinem Leben gegenwärtig. Er hat sein Zentrum gefunden, aus dem ständig neues Leben hervorgeht. Und durch dieses Leben ist er verbunden mit seinen Kräften in allem Lebendigen um sich, und er kann aus den unerschöpflichen Energien des unsichtbaren Schöpfers neues Leben schöpfen. Nur die Unwissenheit um dieses Leben des Schöpfers in uns kann uns von seinen heilenden Kräften trennen und uns der Ohnmacht eines Teil-Lebens ausliefern.

4. Einheit

Wir leben fast alle im Außen, ohne Anschluß an die innere Wirklichkeit des Lebens, ohne unsere Seele in unser Leben einzubeziehen. Da die Seele oder unsere spirituelle Wirklichkeit uns mit Gott, dem Schöpfer, verbindet, sind unsere Hinwendung und unsere Unterordnung unter ihre Weisungen die Voraussetzung für unsere wahre Lebendigkeit. Unsere Seele ist unsere Verbindungsstelle mit der Seele in allem Lebendigen, weshalb wir erst dann in die Einheit allen Seins hineinkommen, wenn wir seelisch lebendig sind. Ein spirituell lebendiger Mensch steht in der Entfaltung seiner Kindschaft zu Gott und hat Zugang zu den Kräften schöpferischen Lebens, er ist ein Mensch, der seine Christuswirklichkeit erkannt hat als seine Seinswirklichkeit und in der Hinwendung zu ihr in allem Lebendigen lebt.

Wie können wir erwarten, daß wir als Menschen mündig und vollmächtig werden, solange wir geschöpflich verkehrt leben und uns selbst als Schöpfer und Gestalter unseres Lebens aufspielen! Die Kraft des Schöpfers liegt in uns als die menschbildende Kraft unserer Seele, aber wir leben nicht darauf ausgerichtet und entfalten keine Hellhörigkeit für ihre Stimme in uns. Wir begreifen nicht unsere geschöpfliche Situation, die uns unweigerlich von dem Schöpfer und von seiner Kraft in uns abhängig macht, soll der Sinn unseres Lebens aufgehen. Außerhalb der Verbindung mit dieser Kraft des Schöpfers in unserer Schöpfung, die von dieser Kraft ausgegangen ist, können wir nicht in die Menschwerdung nach seinem Sinne hineinwachsen. Was diese Kraft angefangen hat, kann nur von ihr vollendet werden. Diese Tatsache erkennen wir in allem Geschaffenen in der Schöpfung um uns, und wir wissen, wenn die Verbindung mit der darin wirkenden Kraft des Schöpfers unterbrochen wird, erleben wir wie alles schöpferische Geschehen aufhört und der Tod, das Nicht-Leben, einsetzt. Nur begreifen wir selbst nicht, daß auch wir als Geschöpfe von der Einheit mit dem Schöpfer abhängig sind, um zu *leben,* um uns zu entfalten nach dem Sinn des Schöpfers, Ihm zur Offenbarung. Wir nehmen die Herrschaft über diese höchste Schöpfung Gottes selbst in die Hand und stellen sie in den Dienst unserer Willkür und unseres Eigensinns, und wir müssen dadurch dem Fluch des verlorenen Sohnes anheimfallen und, ohne unseren geschöpflichen Auftrag erfüllt zu haben, zugrunde gehen. Es gibt für uns als Geschöpfe keine Alternative, sondern nur ein Entweder-Oder. Entweder erkennen wir unsere geschöpfliche Abhängigkeit von Gottes Kraft in uns, um wahrhaft lebendig zu werden, oder wir verlieren unseren Sinn, weil wir unsere Aufgabe in dem Zusammenhang des Ganzen nicht erfüllen als höchste Manifestation des Schöpfers in dieser Welt.

Eine Hoffnung auf Erlösung aus den uns verderbenden Folgen unserer Gottlosigkeit kann es nicht geben, solange wir nicht zur Gegenwart Gottes in uns aufwachen und uns unter seine Gebote stellen. Wer eins wird mit seiner Seele, wird in sich heil, und er wirkt sich heilend aus. Wer seine Seele in unbewußte Bereiche abdrängt und in den eigenen und der Menschheit Vorstellungen vom Sinn des Lebens verbleibt, verliert den Zugang zu den Kräften des ihm von Gott gegebenen Lebens, und er verurteilt sich selbst zur Sinnlosigkeit. Wie aber soll es endlich zu einem Aufwachen des Menschen zu dieser Dimension seiner Seele kommen, auf daß die Menschheit erkennt, daß der Mensch nur durch die Einheit mit ihr seine Menschwerdung erreichen kann? Sie ist die menschbildende Kraft des Schöpfers in ihm, und durch ihre Einbeziehung in sein Leben beginnt die Entfaltung seiner Macht als Kind göttlichen Lebens, als Erbe der von Gott ständig ausgehenden Kraft, die Christus in uns ist.

5. *Schöpfung*

Wenn wir erkennen würden, daß Gott alles in allem ist, die innerste Kraft und Wirklichkeit in allem, was wirkt, dann gäbe es für uns keine andere Notwendigkeit, wollen wir wahrhaft lebendig werden, als die ständige Hinwendung zu seiner Kraft in uns und in der Schöpfung um uns. Es könnte uns nichts fehlen, wenn diese Verbindung mit der Schöpferkraft in uns nicht mehr aussetzte, wenn wir zuerst und vor allen Dingen auf das Göttliche in uns ausgerichtet lebten und im Glauben bekennen könnten: *„Ich und der Vater sind eins, wer mich sieht, der sieht den Vater, der mich gesandt hat."* Es ist allein unsere Bewußtlosigkeit gegenüber dieser Kraft des Schöpfers in unserer Schöpfung, das stumpfe Verbleiben in der Enge unserer Vergänglichkeit und Willkür, die uns trennen von dem lebengebenden und lebenerneuernden Einstrom der Kraft Gottes in seiner Schöpfung, die wir sind.

Kein Geschöpf erschafft sich selbst, sondern es ist der Ausdruck der darin wirkenden Kraft des unsichtbaren Schöpfers, weshalb seine Einheit mit dieser Kraft die Voraussetzung ist für die Entfaltung und Sinnerfüllung seiner Schöpfung. Dieses können wir in allem Geschaffenen um uns beobachten, und wir müssen wissen, wenn die Einheit mit der darin wirkenden Schöpferkraft aussetzt, ist der Tod, das Nicht-Leben, die Folge. Obwohl sich dieses in der Schöpfung um uns täglich abspielt, erkennen wir nicht, daß auch unsere geschöpfliche Situation uns unweigerlich von der Einheit mit dem Geist des Schöpfers in uns abhängig macht, sollen wir im eigentlichen Sinne lebendig werden und unseren geschöpflichen Sinn erfüllen, diese Kraft durch uns zur Belebung unserer Welt auszustrahlen. Der wahrhaft lebendige Mensch im Sinne des Schöpfers ist deshalb der Mensch in Christus, der schöpfergeist-erfüllte Mensch, der von sich bekennt: *„Ich lebe, doch nicht mehr ich, Christus lebt in mir."*

Christus, verstanden als die menschbildende Kraft des Schöpfers in uns, ist somit unsere Lebensangelegenheit schlechthin, die darüber entscheidet, ob wir wie Jesus bekennen können: *„Ich lebe, was bedeutet, daß Gott das Leben in mir lebt und wirkt."* Die Bewußtwerdung dieses Lebens des Schöpfers in uns und die Einkehr in dieses Leben, das Christus in uns ist, sind deshalb die Voraussetzung für unsere Menschwerdung. Da wir geschaffen sind, Gott, den Schöpfer, zu offenbaren, so ist deshalb die Hinwendung zu Ihm in uns die wichtigste Angelegenheit unseres Lebens. Nicht die Anbetung der Christuskraft in Jesus macht uns zu Menschen im Sinne des Schöpfers, sondern allein die Anbetung der in unserer Schöpfung anwesenden Christuskraft. Wenn wir uns nur an Jesus wenden und in ihm unseren Erlöser sehen, erleben wir damit noch keine Erlösung aus der Sonderung von Christus in uns.

Durch das herrschende Christentum, das sich als die Lehre Jesu ausgibt und uns unter seine Vorstellungen vom Evangelium stellt, sind wir durch diese lange Zeit betrogen worden um die uns erlösende Kraft seiner frohen Botschaft vom Reich göttlichen Seins in uns. Wir leben fixiert auf den Glauben, daß sein Kreuzestod uns mit Gott versöhnt und uns einmal nach dem Tode des ewigen, des gottverbundenen Lebens teilhaftig werden läßt. Die Möglichkeit, diese für uns alle wichtigste Botschaft, die Botschaft von der stets gegenwärtigen Kraft des Schöpfers in unserer Schöpfung, zu verstehen und anzunehmen, liegt nicht in der Lehre dieses Christentums, das uns durch Jahrhunderte beherrscht hat und uns um unsere Erlösung und Heilung betrogen hat. Mit der Lehre Jesu hat dieses Christentum nichts gemeinsam, und es hat nicht beigetragen zur Richtigstellung des Menschen gegenüber dem in ihm wesenden Leben aus Gott. Es bindet uns an die Institution der Kirche und übernimmt die Herrschaft über uns und trägt somit nicht bei zur Heilung und Erlösung unseres Lebens aus dem Fluch unserer Selbstentfremdung und unserer Gottlosigkeit.

„Ihr werdet die Wahrheit erkennen, und die Wahrheit wird Euch frei machen!" rief Jesus aus, und die Wahrheit eines jeden Menschen ist die Kraft des Schöpfers, aus der er geschaffen ist und die allein seine Menschwerdung bewirken kann. Auf diese Kraft in uns ausgerichtet zu leben und ihren Weisungen nachzugehen, das erst macht uns wahrhaft lebendig. Christus in uns und wir in Christus, dies kennzeichnet das Geheimnis der Menschwerdung.

6. *Menschwerdung*

Was wir nicht in unser Bewußtsein hereinnehmen, kann uns nicht bewirken, geht nicht als Strahlung von uns aus. Wenn wir dieses erkennen würden, so hätten wir die Erklärung für unser Unvermögen, einander und der Schöpfung um uns zum Heil zu werden, denn wir leben alle nicht auf das Heilige in uns ausgerichtet, wir haben das wahre Lebensbewußtsein nicht erreicht. Wir identifizieren uns nicht mit der Kraft des Schöpfers, aus der wir geschaffen sind, und so verhindern wir dadurch ihre Ausstrahlung durch uns. Wir leben in dem engen Raum eines Persönlich- und Vergänglichkeitsbewußtseins und streben nach der Durchsetzung unserer eigenen Wünsche und Begierden und entfernen uns so immer mehr von unserer Wahrheit, die die Kraft des Schöpfers in uns ist und die allein uns verbinden kann mit dieser Kraft in allen Offenbarungen des Schöpfers.

Aus diesem Zustand der Bewußtlosigkeit gegenüber unserer Wahrheit können wir nicht wahr werden. Wir wirken uns zum Unheil allen Lebens aus, solange wir nicht aus dem Ursprung unseres Lebens leben und seine Kraft von uns nicht angenommen und ausgelebt wird. Die Forderung des Schöpfers an uns alle bleibt über alle Zeiten hinweg gültig: *„Ihr sollt heilig sein, denn ich, Euer Gott, bin heilig."* Unsere geschöpfliche Situation läßt uns keine Wahl, sollen wir unseren vom Schöpfer gewollten Sinn erfüllen, Ihn zu offenbaren. Wir müssen auf seine Kraft in uns ausgerichtet leben und zuerst und vor allen Dingen nach der Einheit mit seinem Geist in uns streben. Hat der Schöpfer diese wunderbare Schöpfung des Menschen geschaffen, damit der Mensch gleichgültig gegenüber den Forderungen des Schöpfers lebt und die

Führung über sein Eigentum übernimmt, als wäre es sein Werk? Der Mensch ist sich seiner Urbeziehung zum Schöpfer nicht bewußt und begreift nicht, daß das, was seine Kraft geschaffen hat, nur durch sie vollendet werden kann. Er fühlt sich im Recht, mit *seiner* Schöpfung willkürlich umgehen zu können, und er erlebt dabei, daß er unter den Fluch des verlorenen Sohnes kommt und, ohne seinen vom Schöpfer gewollten Sinn zu erfüllen, dahingeht, eine verpaßte Inkarnation des Schöpfergeistes.

Die Folgen dieser Unkenntnis um seine Wahrheit als Kraft des Schöpfers in Offenbarung erlebt der Mensch in nie endenden Katastrophen, ohne jedoch aufzuwachen zur Notwendigkeit der Umkehr zu dieser inneren Kraft, die Christus in ihm ist, seine spirituelle Wirklichkeit. Was der Schöpfer geschaffen hat, bleibt von seinem Wirken abhängig, sonst geht der Sinn dieser Schöpfung nicht auf. Solange der Mensch dieses nicht begreift, sich selbst nicht erkennt als Gottes Kraft in dieser individuellen Offenbarung und sich nicht ihr zuwendet, wird er verderben und Entartungen und Krankheiten ausgeliefert sein. Der Tod als die Erschöpfung der wahren Lebenskräfte, die vom Schöpfer ausgehen, ist der Sünde als der Sonderung Sold. Der Mensch stirbt, weil er nicht lebt, weil er das Leben aus dem göttlichen Ursprung nicht annimmt und nicht auslebt. Wer gottverbunden lebt, hat das ewige Leben erreicht und kann von sich bekennen: *„Ich lebe, doch nicht mehr ich. Christus (der Schöpfergeist) lebt mein Leben."* Dieses Leben ist noch das große Unbekannte unter den Menschen. Wenn es auch immer wieder aufgeleuchtet ist im Leben der Heiligen und Erleuchteten, so ist es doch noch unentdeckt und unerforscht. Die Religionen haben dieses gottverbundene Leben erst als nach dem Tod erreichbar verkündet, und sie halten dadurch die Menschen ab von der Suche nach diesem Leben hier und jetzt. Damit binden sie die Menschen an die Sünde als an die Sonderung von ihrer Wahrheit, die dieses Leben Gottes in ihnen ist, und sie verhindern so ihre Menschwerdung im Sinne des Schöpfers. Die Begrenzung des Menschen in seiner Vergänglichkeit und die daraus folgende Unterbrechung seiner Menschwerdung als Gottesoffenbarung durch ihn bleibt so lange bestehen, bis die von den Menschen etablierten Religionen ihre Macht verlieren und der Mensch den Durchbruch zur Kraft des Schöpfers in seiner eigenen Schöpfung erlebt und erkennt: *„Ich und der Vater sind eins."* Die Voraussetzung für einen solchen Durchbruch zu dem in uns wesenden ewigen Leben des Schöpfers ist die Erschöpfung unserer Mittel im Vergänglichen und Willkürlichen. Am Ende der Zeit beginnt das ewige Leben. Wenn wir aus unserem willkürlichen Geist erlöst werden, der uns zu Gefangenen der Zeit macht, beginnen wir zu erkennen, daß wir in uns das ewige Leben als das Leben aus Gott tragen. Wir bleiben unter dem Fluch des Todes als der Erschöpfung unserer Mittel im Willkürlichen und Vergänglichen, bis wir in uns die Kraft des Schöpfers entdecken und die Umkehr zu dieser Kraft vollziehen. Der Mensch, der gotterfüllt wird, der in der Einheit mit seiner Wahrheit lebt, die diese Kraft ist, ist der zum ewigen Leben in sich vorgedrungene Mensch, und dieser Mensch ist erst der wahre Mensch, der den Tod als das Nicht-Leben im Persönlichen überwunden hat.

VI

Meditationen

1. Über Gott

Gott, der Schöpfer, ist der sich selbst durch uns und durch seine Schöpfung offenbarende Eine, und hier, wo wir sind und wo Schöpfung ist, ist Gott anwesend, und hier ist der Ort seiner Anbetung. Wenn wir vordringen zu dieser Kraft des Schöpfers in uns, so haben wir auch erkannt, daß diese Kraft sich in allem Geschaffenen offenbart, und wir daran teilnehmen können durch die Liebe, durch die Synthese mit ihr. Nur der Liebende, der mit Gottes Gegenwart in sich selbst und in allem Geschaffenen verbundene Mensch, steht im Leben aus Gott und wird zu seiner Offenbarung in der Welt. Wenn wir dieses erkennen, daß es keinen anderen Weg zu Gottes Gegenwart in allem Lebendigen gibt als die Liebe, so können wir an der herrschenden Lieblosigkeit in der Menschheit erkennen, weshalb der Mensch Gott nicht erkennt.

*****

Das Wort Gott ist belastet mit den unzulänglichen Vorstellungen der von der Wirklichkeit Gottes in sich abgesonderten Menschen, weshalb die Hinwendung des Menschen zu diesen Vorstellungen von Gott nicht zu einer Begegnung mit seiner nie aussetzenden Anwesenheit in allem Geschaffenen führt, nicht zur Vergöttlichung des Menschen beiträgt. Der Mensch betet einen Gott und Götter an, außerhalb seiner selbst und außerhalb der Schöpfung, und er bleibt dabei seiner Gottlosigkeit verhaftet. Es kann nicht zu einer Aktivierung der in der Schöpfung wesenden Kraft Gottes, des Schöpfers, kommen, solange die Verbindung des Menschen mit ihr nicht eintritt. Gott recht zu erkennen, bedeutet ewiges Leben, Friede und Freude im heiligen Geist des Lebens selbst. Da wir diesen Frieden und diese Freude im Geist des Lebens nicht kennen, so müssen wir davon ausgehen, daß wir Gott nicht recht erkennen. Wir sind alle Opfer der falschen Vorstellungen von einem Gott außerhalb von uns, wir erleben keine Zunahme unserer wahren Lebendigkeit und Schöpferkraft und können uns nicht heilend auf unsere Umwelt auswirken.

Solange der Mensch zu einem Gott betet außerhalb seiner eigenen und der Welt Schöpfung, bleibt er ohne Verbindung mit der Gegenwart Gottes in seiner Schöpfung, die er und alles Geschaffene *sind*. Gott bleibt so lange ein verborgener Gott, bis der Mensch sich selbst erkennt als aus der Kraft Gottes geschaffen, und er sich dieser Kraft in ihm zuwendet und nach ihren Geboten lebt. Es ist unverständlich, aus welchen Grund der Mensch durch Jahrtausende fortfährt, sich in den Dienst der menschlich begrenzten Vorstellungen von einem Gott und von Göttern außerhalb seiner Schöpfung und außerhalb der Schöpfung der Welt zu stellen und diese Gottesvorstellungen anbetet, ohne dadurch in eine lebendige Verbindung mit der Allgegenwart Gottes, des Schöpfers, in sich selbst und in allem Lebendigen hineinzukommen und dadurch zu seiner Offenbarung zu werden.

*****

Wenn wir Gott recht verstehen als *das Leben, das uns und alles Geschaffene lebt,* so müssen wir auch begreifen, daß der Weg zu Gott der Weg der Verinnerlichung ist, der Weg der nie aussetzenden Liebe zu dem Wunder unserer eigenen und der Welt Schöpfung. Wir müssen Gott nicht außerhalb von uns suchen, Ihn nicht als in fernen Himmeln thronend wähnen, sondern wir müssen Ihn als in seinem Werk anwesend erkennen und in Ehrfurcht und Liebe seiner Kraft in uns und in der Schöpfung um uns zugeneigt leben. *„Gott recht zu erkennen, ist ewiges Leben",*es ist das Leben, aus dem alles gemacht ist, was gemacht ist, und ohne dieses Leben, ohne diese Kraft Gottes ist nichts gemacht, was gemacht ist. Leben wir auf dieses Leben in uns und um uns in Anbetung ausgerichtet, so leben wir geöffnet für den Einstrom göttlichen Seins in unsere Schöpfung, und wir wachsen organisch hinein in die Macht unserer Kindschaft zu Gott.

Gott recht zu erkennen, bedeutet ewiges Leben, denn Gott selbst ist dieses Leben in nie endenden Offenbarungen. Wir können deshalb Gott nur näherkommen, indem wir in unsere Schöpfung hineingehen und der hier stets anwesenden Kraft des Schöpfers in Ehrfurcht und Liebe zugeneigt leben. Beginnen wir uns selbst in unserer Wahrheit als eine Offenbarung Gottes zu lieben, verbinden wir uns mit seiner Kraft und Weisheit, die in unserer Schöpfung wirkt, so beginnt die lebengebende Synthese mit dieser Kraft, und wir werden im eigentlichen Sinne lebendig und Gott-erfüllt, da doch Gott das Leben allen Lebens ist, die innerste Kraft in allem, was geschaffen ist.

*****

Es sind unsere falschen Vorstellungen von Gott, die in unserer Religion verkündigt werden, die uns in Unwissenheit halten um die in unserer Schöpfung bereits waltende Kraft des Schöpfers, die allein unsere Menschwerdung bewirken kann. Weil wir gefesselt bleiben in dem Glauben an unsere Unvollkommenheit und unsere Sonderung von Gott durch den Sündenfall, setzen wir stumpf den Weg unserer Willkür fort, und wir erleben immer bedrohlicher unseren Sturz in die uns verderbende und unsere Menschwerdung verhindernde Sonderung von Gottes Kraft und Weisheit. Wir wachen nicht auf zu dem Erkennen dieser Kraft in uns, und wir begreifen nicht, daß nur sie zuständig ist für unser Heil und für unsere Sinnerfüllung.

Es ist nicht die Strafe Gottes über die von Ihm abgefallene Menschheit, die ihr Verderben verursacht, sondern alles Unheil, das uns trifft, ist als eine natürliche Folge unserer Sonderung von seiner Kraft in uns anzusehen. Da der Mensch diese Kraft in Offenbarung ist, so muß er unweigerlich verderben ohne seine Verbindung mit ihr. Sie ist seine Lebenswirklichkeit, die ihn lebendig und schöpferisch macht, weshalb er ohne die Einheit mit ihr einem Pseudo-Leben auf der Oberfläche seines Lebens, das er in der Vergänglichkeit führt, anheimfällt, wodurch er daran gehindert wird, seinen vom Schöpfer gewollten Sinn zu erfüllen.

*****

Wenn wir das, was wir mit dem Wort Gott andeuten wollen, von allen menschlich begrenzten Vorstellungen befreien könnten und Ihn erkennen würden als das Leben, das uns lebt, als die Kraft, aus der Schöpfung auf Schöpfung entsteht, so würden wir erkennen, daß der Weg zu Gott kein anderer sein kann als der Weg hinein in die ständige Hinwendung zu seiner Kraft in uns und in allem Geschaffenen um uns und als die ständige Anbetung dieser Kraft. Wenn wir uns selbst in unserer Wahrheit erkennen, so erkennen wir die Gegenwart der Kraft des Schöpfers, und wenn wir uns auf diese Kraft in Liebe ausrichten, so entsteht die Synthese mit ihr, und wir werden wahrhaft lebendig und offenbaren diese Kraft durch uns.

Daß in dieser Menschheit keine Gottesoffenbarung geschieht, sondern – im Gegenteil – die Gottlosigkeit sich immer mehr ausbreitet, liegt nicht an der Abwesenheit der Kraft Gottes in unserer Schöpfung, sondern daran, daß wir diese Kraft in uns nicht erkennen und ihr nicht zugewandt leben. Wir verharren im Zustand der Sonderung von dieser Kraft, aus der wir geschaffen sind, und wir erleben so nicht ihren Einstrom in unsere Schöpfung und verhindern damit selbst unsere wahre Lebendigkeit. Ohne die bewußte und tägliche Hinwendung zu unserer essentiellen Wahrheit als Geschöpfe des Schöpfers, Träger seiner Kraft zu ihrer Sinnerfüllung, müssen wir einem Pseudo-Leben im Vergänglichen anheimfallen.

Wenn wir diese Notwendigkeit unserer Einheit mit unserem Schöpfer und mit seiner Kraft in uns erkennen und den Durchbruch zu dieser Kraft erleben, stehen wir erst in der Menschwerdung nach der Weisheit des Schöpfers, und wir entfalten dann den von Gott geschaffenen und gewollten Menschen. *„Die Ehrfurcht vor Gott ist aller Weisheit Anfang";* dieses Wort sagt aus, daß wir nur teilnehmen können am göttlichen Geheimnis unseres Lebens, wenn wir in Ehrfurcht und Liebe dem Göttlichen in allen seinen Offenbarungen zugewandt leben, wenn wir die Erscheinungswelt durchstoßen haben und hinter allem Lebendigen den unsichtbaren Schöpfer erkennen und uns mit Ihm in Liebe und in Anbetung verbinden. Kein Gott außerhalb seiner Schöpfung ist für uns erreichbar, sondern allein das Göttliche in uns hat Zugang zu Gott. Wäre nicht seine Kraft in uns wirksam, wie sollten wir dann die Möglichkeit haben, uns mit dieser Kraft in allem Geschaffenen zu verbinden? Nur Gott hat Zugang zu Gott, nur Gott in uns läßt uns den Weg finden zum Göttlichen um uns.

Wenn wir dieses begreifen, daß nur Gott in uns Zugang hat zu dem Göttlichen in allen seinen Erscheinungen, so begreifen wir auch, warum wir keine lebengebende Begegnung mit Gottes Kraft in allem Geschaffenen erleben, warum wir ohne Erfolge einen Gott in fernen Himmeln anrufen und anbeten. Es gibt nur diesen einen Gott, den wir als Schöpfergeist in allem Geschaffenen erkennen und lieben müssen, sollen wir gotterfüllt werden, sollen wir aus der Ohnmacht und der Unzulänglichkeit eines geschöpflich verkehrten Teil-Lebens im Vergänglichen erlöst werden und hier und jetzt in das Reich Gottes hineinkommen als das Reich, wo der Schöpfergeist herrscht. Es kann keinen anderen Weg zur Verbindung mit dem Göttlichen in allen seinen Offenbarungen geben als allein die Liebe. Sie ist die Synthese mit der Kraft in uns, und diese Kraft verbindet uns mit ihrer Gegenwart in allem Geschaffenen: *„Die Liebe ist des Gesetzes Erfüllung."*

*****

Wenn wir aufgefordert werden, Gott, den Schöpfer, über alles zu lieben, so begreifen wir nicht, daß wir nur durch den Vollzug dieser Liebe wahrhaft lebendig werden können, so doch Gott, der Schöpfer, alles in allem ist, die innerste Kraft und Wirksamkeit in allem, was lebt. Es geht hier nicht um die Liebe zu unseren überlieferten religiösen Vorstellungen von einem Gott in fernen Himmeln, sondern es geht allein um die Liebe als die Synthese mit der Kraft des Schöpfers in unserer eigenen und der Welt Schöpfung, es geht um eine stets gegenwärtige Hinwendung zur Schöpferkraft und Weisheit in allem, was lebt, und um eine Anbetung dieser Kraft.

In allem, was uns begegnet in der geschöpflichen Welt, begegnen wir der Kraft des Schöpfers, und hier, wo wir sind und wo Schöpfung ist, ist der Ort der Begegnung mit dieser Kraft, die wir Gott nennen. Gehen wir achtlos an einem Menschen vorbei, beachten wir nicht das Wunder der Natur um uns und ehren wir nicht in allem Geschaffenen die Kraft des Schöpfers und wenden wir uns nicht in Liebe und Anbetung ihr zu, so kann keine Synthese zwischen uns und ihr entstehen. So verarmen wir uns selbst an Leben aus dem Ursprung, weil wir diesem Leben in uns selbst und in der Schöpfung um uns nicht zugewandt leben.

2. Über Religionen

Die Religionen sind über alle Zeiten menschlich begrenzte Dogmen und Lehren von einem Gott außerhalb seiner Schöpfung und können dadurch den Menschen nicht zu der in seiner Schöpfung manifestierten Kraft des Schöpfers führen. Sie bleiben ohne verwandelnde und den Menschen in seiner Wahrheit erweckende Kraft und verhindern dadurch die Menschwerdung. Sie lassen uns verhaftet leben den Mächten der Unwahrheit und der Vergänglichkeit. Sie predigen unsere grundsätzliche Sündhaftigkeit und Unvollkommenheit und erkennen dabei nicht, daß sie einer Gotteslästerung unterliegen, da sie Gott, dem Schöpfer, eine unvollkommene Schöpfung unterstellen.

Was der Schöpfer geschaffen hat, kann nur von seiner Kraft zur Vollendung gebracht werden, und da wir Menschen nicht auf diese Kraft ausgerichtet werden, bleiben wir außerhalb der Möglichkeit, im Sinne des Schöpfers Menschen zu werden. Wir verbleiben in der Enge unserer Gottlosigkeit und erleben keine Vergöttlichung unseres Lebens, die wir verstehen müssen als unsere wahre Lebendigkeit, da doch *Gott das Leben allen Lebens ist,* die innerste Kraft und Wirklichkeit in allem, was lebt.

Die Unfruchtbarkeit aller unserer Religionen als menschlich beschränkter Lehren von Gott und Erlösung beweisen uns, daß wir auf diesem Weg keine Entbindung der in unserer eigenen Schöpfung wesenden Kraft des Schöpfers erwarten können. Wir beten Buddha und Jesus an und versäumen, den Kontakt aufzunehmen mit der auch in unserem Sein anwesenden Kraft des Schöpfers. Was diese Menschen erreichten durch ihre Hinwendung zum göttlichen Ursprung ihres Lebens, müssen auch wir durch unsere Hinwendung zu dem Göttlichen in unserer Schöpfung erreichen. Weder Jesus noch Buddha riefen uns dazu auf, im Glauben an ihre Person zu leben, sondern sie forderten uns auf, dem inneren Licht des Schöpfers in uns zugewandt zu leben, damit auch wir zur Erleuchtung unserer Welt werden. Ihre Aufforderung, Gott, den Schöpfer, über alles zu lieben und auf seine Gebote zu achten, war ihre Predigt. So wie sie zu dem inneren Licht der Gottheit in sich erwachten und es durch sich wirken ließen, also müssen auch wir zu dem in uns wesenden Urlicht des Schöpfers aufwachen und uns nach seinen Weisungen richten.

Wenn die Religionen nicht zum Heil und zur Erlösung ihrer Anhänger führen, so liegt dies allein an ihrer Unwissenheit um das Geheimnis der Kraft des Schöpfers in allem Geschaffenen und um die Notwendigkeit unserer Verbindung mit dieser Kraft. Wir wenden uns in Gebeten an den von unserer Religion verkündigten Erlöser und erleben dabei nicht die Verbindung mit der allein uns erlösenden Kraft des Schöpfers in unserer Schöpfung. Weder Buddha noch Jesus können für uns etwas anderes bedeuten als Wegweiser zu der auch in unserer Schöpfung wesenden Kraft des Schöpfers. Sie riefen uns auf, diese Kraft in uns zu erkennen und uns mit ihr im Glauben zu verbinden, aber wir verbleiben in der Sonderung von dieser Kraft in uns und hoffen auf die Heilkraft ihres Lebens, wenn wir sie anbeten und an ihre Göttlichkeit glauben. Aus allen diesen verschwommenen Lehren unserer Religionen von Gott und Erlösung müssen wir befreit werden und aufwachen, um unsere Wahrheit zu erkennen als die Kraft des Schöpfers in Offenbarung und uns ohne Unterlaß mit dieser Kraft verbinden. Die *Christus-Kraft* in Jesus und Buddha wurde zu ihrer Erlösung aus dem Pseudo-Leben im Vergänglichen, und so wird *Christus in uns* auch uns erlösen aus dem Fluch unserer Gottlosigkeit. Wir tragen als Geschöpfe diese Kraft in uns, aber solange wir sie nicht erkennen und uns nicht mit ihr verbinden, bleiben wir in der Sonderung von ihr. Gleichgültig, wie eifrig wir uns an Buddha oder Jesus wenden, wir erleben dadurch nicht den Durchbruch zur Kraft des Schöpfers in uns, wir kommen nicht hinein in die Entfaltung unserer Wahrheit als diese Kraft in Offenbarung. Das Verbleiben in der Enge unseres willkürlichen Geistes, das Leben aus unserer eigenen und der Welt Sinngebung führen uns weg von Christus in uns und liefern uns der Sünde als der Sonderung von der allein menschbildenden Kraft des Schöpfers in uns aus.

*****

Die Folgen unserer geschöpflichen Verkehrtheit erleben wir in Not, Krankheit, Entartung und Tod. Wir halten diesen leidvollen Zustand eines Teil-Lebens im Vergänglichen und Willkürlichen für unser Los in dieser Welt, und wir lassen uns von den herrschenden Religionen mit der Hoffnung trösten, daß wir in einem Zustand nach dem Tode in die Herrlichkeit des Reiches Gottes hineinkommen, wenn wir nur im Dienst an ihren Lehren und im Glauben daran verbleiben. Welche Verwirrung und welche Unkenntnis um die Allgegenwart und Allmacht des Schöpfers in allem Geschaffenen liegen nicht diesen Lehren von einem jenseitigen Heil zugrunde! Wir werden nicht zum Erkennen der nie aussetzenden Gegenwart des Schöpfers in seinem Werk erzogen und werden nicht auf diese Gegenwart in uns ausgerichtet. Wir suchen Gott außerhalb seiner Schöpfung und finden Ihn nicht; wir beten Ihn an in fernen Himmeln und bekommen keine Antwort. Wir müssen erkennen, daß wir Gott nur da begegnen können, wo Er wirkt, und Er wirkt fortwährend in seinem Werk, das wir und alles Geschaffene sind. Unser Körper ist seine Wohnstätte, sein Tempel, und hier müssen wir Ihn erkennen und anbeten, wie Er auch in allem Geschaffenen um uns mit seiner Schöpferkraft anwesend ist, um den Sinn eines jeden Geschöpfes zu erfüllen, der darin liegt, diese Kraft hindurchzulassen zur Beseelung dieser Welt. Sobald ein Geschöpf aus der Einheit mit dieser Kraft herausfällt, hat es seinen Sinn verloren und geht zugrunde.

Weil Christus, die sinnerfüllende Kraft des Schöpfers in unserer Schöpfung, von der sich christlich nennenden Religion als identisch mit der Person verkündigt wird, haben wir den Weg zu *Christus in uns* nicht gefunden. Wir bleiben außerhalb der in uns wesenden sinnerfüllenden Kraft des Schöpfers, werden keine Menschen nach seinem Willen, Ihm zur Offenbarung. Wir beten Christus in Jesus an und erleben keine Entbindung der unserer Schöpfung innewohnenden Kraft des Schöpfers und erfüllen so nicht unseren geschöpflichen Sinn, diese Kraft durch uns in individueller Vielfalt zu offenbaren. Die Tatsache, daß die christliche Menschheit ihre Gottlosigkeit fortwährend in steigendem Maße in ihrer Geschichte demonstriert, läßt uns nicht zu der Erkenntnis dessen kommen, daß wir trotz aller Hinwendung zu Jesus – als zu unserem Erlöser – unerlöst bleiben, Opfer unserer Bewußtlosigkeit gegenüber Christus in uns. *„So jemand ist in Christus, so ist er eine neue Schöpfung; das Alte ist vergangen, siehe, etwas Neues ist geworden."* Da wir aber nicht in Christus leben, eins mit unserer spirituellen Wirklichkeit, erleben wir keine Neuschöpfung unseres Lebens, kommen wir nicht hervor in der Macht unserer Kindschaft zu dem allmächtigen, allgegenwärtigen Schöpfer. Wir werden von Kindheit an in der in dieser Menschheit herrschenden spirituellen Unlebendigkeit erzogen und in ihren Dienst gestellt, während wir dazu angehalten werden, an Christus in Jesus zu glauben und in ihm unseren Erlöser zu sehen. So nennen wir uns Christen, ohne zu wissen, daß wir erst in der Nachfolge Christi stehen, wenn wir erwacht sind zu Christus in uns als zu der in unserer Schöpfung manifestierten Kraft des Schöpfers und wenn wir bekennen können: *„Ich und der Vater sind eins, wer mich sieht, der sieht den Vater, der micht gesandt hat."* Solange diese falschen Deutungen des Evangeliums weiter ihre Herrschaft ausüben und die Menschen in ihren Bann ziehen, kann es nicht zu der Erkenntnis dessen kommen, daß Christus uns innewohnt als die menschbildende Kraft des Schöpfers, und wir auf diese Kraft ausgerichtet leben müssen, damit sie den von Gott gewollten Sinn erfüllt. *„Wer in Christus lebt, ist gerecht"*, er ist vor dem Schöpfer richtiggestellt, und er kann von sich bekennen: *„Ich lebe, doch nicht mehr ich, sondern Christus lebt in mir."*

*****

Solange der Glaube an Gott die Menschen voneinander trennt, solange die verschiedenen Religionen sich gegenseitig bekämpfen, solange können wir davon ausgehen, daß es hier nicht um den Glauben an den wahren Gott geht, sondern um menschlich begrenzte Vorstellungen von Ihm, die mit seiner Wirklichkeit nichts zu tun haben. Gott, der alles in allem ist, eint die ganze Schöpfung in sich, und wo diese Einheit gestört ist, bleibt nichts anderes als Vorstellungen von Gott, die seine Wirklichkeit verdecken und uns der Gottlosigkeit anheimfallen lassen. Die vielen Religionen predigen einen Gott oder Götter außerhalb der Schöpfung, und ihre Anhänger werden angehalten, diese Gottvorstellungen zu lieben und anzubeten. Mit dieser Liebe erleben die Menschen keine Aktivierung der in ihrer Schöpfung anwesenden Kraft des Schöpfers, sie werden nicht gotterfüllt und geistig lebendiger. Sie setzen ihr willkürliches Pseudo-Leben fort unter religiösen Vorzeichen und halten es für natürlich und zu ihrem Los gehörend, keine Vergöttlichung ihres Lebens zu erfahren, hineinzuwachsen in die Macht ihrer Kindschaft zu Gott. Durch diese Aussichtslosigkeit ihrer religiösen Aktivitäten, Gott näher zu kommen durch Gebete und Anrufungen eines fernen Gottes, ist es zur Lehre vom jenseitigen Heil des Menschen gekommen. Hier in dieser Welt bleibt der Mensch in der Sünde, in der Sonderung vom göttlichen Ursprung; aber durch seine Anhängerschaft und seinen Dienst an den herrschenden Lehren von Gott und Erlösung, bleibt ihm die Hoffnung auf Gotteinigkeit in einem Jenseits.

Welcher Betrug und welche Irreführung gehen nicht von diesen menschlich begrenzten Vorstellungen der Religionen aus, und wie tragen sie dazu bei, den Menschen in der Sonderung von Gott zu halten und ihm den Weg hinein in seine Gotteswirklichkeit zu versperren! So wächst trotz aller eifrigen Verkündigungen unserer Religionen von Gott und Erlösung diese Menschheit immer weiter hinein in einen verderblichen Zustand der Gottlosigkeit, und sie erlebt am eigenen Leibe die Folgen davon in Not auf Not. Die Verbindung mit Gott, dem Schöpfer, bleibt so lange abgebrochen, bis der Mensch aufwacht und erkennt, daß Gott in seiner Schöpfung anwesend ist und hier angebetet werden muß. Wir werden durch unsere Religionen indoktriniert mit den uns in dem Zustand der Sünde festhaltenden Lehren von der grundsätzlichen Sündhaftigkeit menschlichen Lebens, von dem von Anfang unserer Schöpfung an entstandenen Abfallen vom Schöpfer, und wir halten es deshalb für natürlich, wenn wir in die Irre gehen und uns selbst und unserer Welt zum Verderben werden. Wir sind so festgefahren in dem Glauben an unsere Unvollkommenheit, daß wir nicht einmal auf den Gedanken kommen, nachzuforschen, ob wir geschöpflich richtiggestellt leben gegenüber der Kraft, aus der wir entstanden sind. Würden wir auf diese Kraft, die die allein menschbildende Kraft des Schöpfers in uns ist, ausgerichtet leben und von Kindheit an erzogen werden, auf ihre Stimme zu horchen und ihren Weisungen zu gehorchen, so würden wir den Weg der Menschwerdung entdecken und von einer Stufe zur anderen vorwärtsschreiten und in die Macht unserer Sohn- und Tochterschaft zum Schöpfer hineinwachsen. Die Lehre unserer Religion, nach der wir verurteilt sind zu diesem Pseudo-Leben, fern von Gott, durch den Sündenfall der ersten Menschen, hat uns gehindert, vorzudringen zu der Erkenntnis dessen, daß *wir* uns von diesem Göttlichen in uns getrennt haben, nicht der Schöpfer sich von uns. Da seine Kraft alles in allem ist, Urheber und Gegenwart alles dessen, was lebt, so müssen wir auf diese Kraft in Liebe und Ehrfurcht ausgerichtet leben, damit sie ihr mit uns begonnenes Werk fortsetzen kann. Diese Ausrichtung auf Gottes Kraft in uns und die Gehorsamkeit gegenüber ihren Weisungen sind die Voraussetzung für das volle Wirken dieser Kraft in uns. Wer sich nach innen wendet und im Glauben und Vertrauen an die ständige Gegenwart Gottes lebt, der wird von seiner Kraft bewirkt, und er geht von einer Entfaltung seiner Gottgezeugtheit zur anderen, er kommt hervor als der vom Schöpfergeist erfüllte Mensch, der Mensch in Christus.

Welche groteske Lehre ist doch diese von Menschen ausgedachte Erlöserlehre! Welche Unwissenheit um den Schöpfer, der mit seiner Kraft Ursprung und Gegenwart allen Lebens ist! Sollte Gott ein solches Geschöpf geschaffen haben, das unfähig ist, die ihm vom Schöpfer gegebene Aufgabe in dieser Welt erfüllen zu können! Ist es nicht der Mensch selbst, der durch seine Sonderung von Gottes Kraft in sich die Führung über sein Leben übernimmt und selbst zum Schöpfer seines Unheils wird? Wer kann Gott verantwortlich machen für das Tun des Menschen aus seiner Willkür und seinem Eigensinn? Unsere Vorstellungen und religiösen Lehren von einem Gott in fernen Himmeln, der in dem Ausmaß sich uns gnädig zuwendet wie wir Ihm dienen und Ihn anbeten, müssen überwunden werden, und wir müssen Gottes Kraft recht erkennen als das Leben in uns, das unsere Menschwerdung in seinem Sinne erst möglich macht. Bleiben wir ohne das Erkennen dieser Kraft in uns, entfalten wir keine Sinne für ihre Anwesenheit in uns und gehorchen wir nicht ihren Weisungen, so müssen wir die Folgen davon tragen in Not, Verderben, Sinnlosigkeit und Tod. Die Aussage des Paulus: *„Der Sünde Sold ist der Tod"*,müssen wir so verstehen, daß unsere Sonderung als unsere Bewußtlosigkeit gegenüber dem Göttlichen in uns, das der Schöpfergeist ist, uns einem Nicht-Leben im Vergänglichen und Willkürlichen ausliefert. Wir leben nicht aus dem Urheber und Schöpfer unseres Lebens, wir lassen Ihn nicht sein begonnenes Werk fortsetzen, sondern wir übernehmen selbst die Führung über unser Leben und gestalten es nach unseren Wünschen und Begierden, und die Folge davon ist die Unterbrechung der Menschwerdung, wie sie der Schöpfer gewollt hat, Ihm zur Offenbarung.

*****

Die für uns alle verhängnisvolle falsche Interpretation der Botschaft Jesu – vom Reich des göttlichen Seins in uns – durch die Kirche muß überwunden werden, und wir müssen den Weg finden zu der auch in unserer Schöpfung wesenden Kraft des Schöpfers und müssen die Umkehr zu ihr vollziehen. Auch wir müssen gleich Jesus bekennen können: *„Ich und der Vater sind eins, wer mich sieht, der sieht den Vater, der mich gesandt hat."* Erst wenn diese Einheit mit der Kraft, aus der wir geschaffen sind, erkannt wird als die Voraussetzung für die Erfüllung unseres geschöpflichen Sinns, und wenn wir fortwährend in der Hinwendung zu dieser Kraft leben, können wir uns gemäß unserer Wahrheit als Kinder Gottes, Erben ewigen Lebens, entfalten. Christus in uns, der Schöpfergeist, ist der Weg, die Wahrheit und das Leben in uns, und nur wenn wir dieses erkennen und uns zu Ihm bekennen, beginnt unsere Menschwerdung als Gottesoffenbarung durch uns.

3. Über Erziehung

Die Erziehung des Menschen zur Gehorsamkeit gegenüber dem Willen Gottes bleibt eine Notwendigkeit für uns alle, wollen wir wahrhaft Kinder Gottes werden. Wir bleiben Opfer unserer Unwissenheit um die in unserer Schöpfung anwesende Kraft des Schöpfers, bis auf den Tag, wo wir aufwachen zu seiner nie aussetzenden Gegenwart in uns und in allem Geschaffenen. Der Glaube an Christus in uns verwandelt unser Leben, läßt uns erkennen, daß wir in uns selbst die Kraft tragen, die uns zu Menschen macht nach der Konzeption des Schöpfers. Sobald die Hinwendung zu dieser Kraft und die Anbetung dieser Kraft beginnen, sobald wir Christus in uns als die uns erlösende und heilende Kraft des Schöpfers erkennen und annehmen, beginnen unsere Verwandlung und Neuschöpfung, und wir können bekennen: *„Ich lebe, doch nicht mehr ich, Christus lebt in mir."*

Es ist diese Veränderung unseres Bewußtseins, die uns allein not tut, sollen wir von der Finsternis eines unchristlichen, da gottfernen Nicht-Lebens im Vergänglichen erlöst werden. Wir sind Gottes Geschöpfe, und Er hat in uns hineingelegt seinen heiligen Geist, damit wir durch ihn zur Offenbarung Gottes werden können. Aber solange wir nicht auf diesen Geist in uns ausgerichtet leben, bleiben wir außerhalb der Entfaltung des wahren, von Gott gewollten Menschen. Was uns zur Menschwerdung not tut, ist nicht unsere Anstrengung, nach den Vorstellungen unserer Religion zu leben, sondern allein das Aufwachen zu Christus in uns und unsere Einswerdung mit ihm. Deshalb die Aufforderung des Apostels: *„Ziehet Christus an, ziehet den neuen Menschen an und ziehet den alten Menschen aus, der in Sünden sich verdirbt."*

Da der Mensch dazu erzogen wird, nach außen gerichtet zu leben, bleibt er verhaftet der Erscheinungswelt, ohne zu erkennen, daß diese das Sekundäre darstellt, während das Primäre die Kraft ist, aus der alles Leben entspringt. Ich bin, das Sein in mir, die Schöpferkraft, ist der Weg, die Wahrheit und das Leben eines jeden Geschöpfes. Darin zu verbleiben, ist unsere Aufgabe; mit dieser Kraft verbunden zu leben, sie bewußt in unser Bewußtsein hereinzunehmen, ist die Voraussetzung für unsere Menschwerdung. Bleiben wir eingekerkert in einem Persönlich- und Vergänglichkeitsbewußtsein, so unterbrechen wir selbst unsere Menschwerdung und gehen, ohne unseren Sinn zu erfüllen, zugrunde. Die Kraft des Schöpfers wird nicht von uns als unsere Lebenswirklichkeit schlechthin angenommen, sondern wir verbleiben in der Enge eines Pseudo-Lebens aus unserer Vergänglichkeit, und wir leben, ohne in die Einheit mit unserem Ursprung hineinzukommen, Opfer eines erbärmlichen, ohnmächtigen Teil-Lebens aus unserer eigenen und der Menschheit willkürlichen Geistigkeit.

Die Ausrichtung unseres Lebens auf das Leben des Schöpfers in uns, das uns lebt, ist deshalb das allein Notwendende. Die Verinnerlichung, die bewußte Hinwendung zu der Kraft, die uns und alles Geschaffene lebt, ist nicht als eine vage religiöse Angelegenheit anzusehen, sondern sie ist unsere Lebensangelegenheit schlechthin, die unser Sein oder Nicht-Sein entscheidet. Je weiter entfernt der Mensch lebt von dieser Kraft des Schöpfers in sich, um so unmenschlicher wirkt er sich aus, um so beziehungsloser lebt er zu allem Lebendigen um sich, um so weniger ist er der Liebe fähig. Sie ist das Zeichen unserer Verinnerlichung als unserer Hinwendung zu der in uns anwesenden Kraft des Schöpfers, die allein Zugang hat zu dieser Kraft in der Schöpfung um uns.

Würden wir zur Heiligkeit erzogen werden als zur Einheit mit der Kraft des Schöpfers in uns, zur Gehorsamkeit gegenüber den Weisungen unserer Seele, so würden wir in unserer Welt das Reich Gottes verwirklichen, was nichts anderes heißt, als durch uns das Göttliche wirken zu lassen zu seiner Selbstoffenbarung. Denn nur Gott offenbart Gott, und solange wir ohne die Hinwendung zum Göttlichen in uns leben, bleiben wir ohne Gottesoffenbarung in unserer Welt. Alle unsere Bemühungen, uns in den Dienst der herrschenden Religionen zu stellen und ihren Geboten nachzuleben, haben keine erlösende Wirkung auf die in unserer Schöpfung verborgene Kraft des Schöpfers. Wir bleiben ohne die Wiedergeburt, ohne den Durchbruch zu unserer Seele, zutiefst gottlos und gleichgültig, welchen Dienst wir in unserer Religion auch erfüllen und wie eifrig wir ihre Gottesdienste besuchen.

Die herrschenden Religionen predigen nicht die Macht des Schöpfers über sein Geschöpf Mensch, sondern sie binden den Menschen an ihre unzulänglichen Lehren und Dogmen. Es geht hier nicht um die Hinwendung des Menschen zu der in ihm wesenden Kraft des Schöpfers und nicht um seine Gehorsamkeit gegenüber ihren Weisungen, sondern es geht um die Macht des Menschen über den Menschen, um seine Gehorsamkeit gegenüber den Forderungen seiner jeweiligen Religion.

Die Forderung auf die Umkehr zu dem in uns wesenden Leben aus dem Schöpfergeist wird nicht als die Voraussetzung für unsere wahre Lebendigkeit erkannt. Wir werden nicht erzogen zur Verinnerlichung, zur Umkehr zu unserer Seele, weshalb unsere Menschwerdung, wie sie der Schöpfer gewollt hat, unterbrochen bleibt. Wir brauchen nur unsere unmenschliche Geschichte auf uns wirken zu lassen, um zu erkennen, daß wir noch keine Menschen sind nach dem Willen des Schöpfers, sondern in dem leidvollen Zustand des verlorenen Sohnes verbleiben und fortwährend Not und Verderben ernten.

*****

Aber da wir nicht dazu erzogen werden, unsere Wahrheit zu erkennen als diese Kraft des Schöpfers in individueller Manifestition, so begreifen wir auch nicht, daß es uns zuerst und vor allen Dingen darum gehen muß, uns mit dieser Kraft in uns zu verbinden, sie ohne Unterlaß in unser Bewußtsein hereinzubeten. So entfalten wir kein Gottesbewußtsein, das das wahre Lebensbewußtsein ist, und die Folge davon ist, daß unser Leben in einem ständigen Mangel an Leben aus dem Ursprung steht und wir Opfer werden von Erschöpfungen und Krankheiten und nicht fähig sind, unseren geschöpflichen Auftrag zu erfüllen, diese Kraft durch uns hindurchzulassen zur Vergeistigung und zur Vergöttlichung unserer Welt. Wir verbleiben in der Enge eines Persönlich- und Vergänglichkeitsbewußtseins und verhindern so selbst den Einstrom des in unserer Schöpfung wesenden Lebens aus dem Ursprung, wie wir auch die lebengebende Verbindung mit der Schöpferkraft in allem Geschaffenen um uns blokkieren.

Da wir alle dazu erzogen werden, aus unserem Verstand und aus den Vorstellungen dieser Menschheit vom Sinn des Lebens zu leben und uns nach den herrschenden Werten zu richten, so befinden wir uns alle außerhalb der Kraft des Schöpfers in uns, und wir verhindern so selbst unsere Menschwerdung, wie sie der Schöpfer gewollt hat. Die Verbindung mit den Kräften des von dem Schöpfer ausgehenden Lebens, die wir in Wirklichkeit *sind*, ist unterbrochen, und wir übernehmen selbst die Herrschaft über diese Schöpfung Gottes und fühlen uns im Recht, damit willkürlich umgehen zu können, und so verlieren wir unsere wahre Identität und gehen ohne Sinnerfüllung zugrunde.

Die Notwendigkeit der Richtigstellung gegenüber dieser Kraft des Schöpfers in uns ist uns noch nicht bewußt geworden, weshalb wir verhaftet leben einer Art des Tuns und Gestaltens aus uns selbst, was unsere Wahrheit als Kinder Gottes nicht entwickelt. Wir leben ein Teil-Leben aus unserer Vergänglichkeit und Willkür. Die Entdekkung dieser Kraft des Schöpfers in uns und unsere Unterordnung unter ihre Weisungen werden uns erlösen aus der Enge und der Ohnmacht unseres jetzigen Pseudo-Lebens.

*****

An der mit unsäglicher Not und Unmenschlichkeit erfüllten Geschichte dieser Menschheit können wir die Sonderung des Menschen von seiner Seele ablesen, was identisch mit seiner Gottlosigkeit ist. Anstatt den Menschen von Kindheit an dazu zu erziehen, seine geschöpfliche Situation zu erkennen, die ihn von der Einheit mit seinem Schöpfer und seiner Kraft in sich abhängig macht, soll er nach seiner Konzeption Mensch werden, wird er erzogen zur Anpassung an die Vorstellungen einer geschöpflich verkehrt lebenden Menschheit und zur Gehorsamkeit gegenüber diesen Vorstellungen, und so verliert er die Verbindung mit seinem Schöpfer und Ursprung.

Dieser Zwang zur Angleichung an die Werte und Sinngebungen, die in dieser Menschheit herrschen, läßt den Menschen der Sünde, der Sonderung seiner Seele von ihrer Gotteswirklichkeit, anheimfallen und treibt ihn so auf den Weg des Verderbens und der Sinnlosigkeit. Aus seinem willkürlichen Geist baut der Mensch eine Welt auf, die ständig vergeht. Er hält diesen Zustand seiner Unvollkommenheit und seines verderbenden Wirkens für zum Los seines Lebens in dieser Welt gehörend. Er findet sich stumpf damit ab, ohne seinen vom Schöpfer gewollten Sinn zu erfüllen zugrunde zu gehen, sich nicht zum Heil seiner Welt auszuwirken und nicht durch sich Gott zu verherrlichen.

4. *Über Unmenschlichkeit*

Beginnt jetzt der Mensch durch die Katastrophen und Verhängnisse, die seine geschöpfliche Verkehrtheit auslöst, aufzuwachen zu der Erkenntnis seiner Sonderung von der menschbildenden Kraft des Schöpfers in ihm? Stehen wir vor der Entdeckung unserer Wahrheit als Kraft des Schöpfers in uns? Fangen wir an, uns zu besinnen auf unsere geschöpfliche Situation, die uns unlöslich an die Kraft des Schöpfers bindet, sollen wir hineinreifen in die Menschwerdung nach seinem Sinne? Der heutige Mensch ist der Mensch des Chaos, des Verderbens, der Gottlosigkeit, und alles, was er tut, treibt ihn weiter auf diesem Weg. Jener Mensch des Eigensinns und der Willkür ist der verlorene Sohn, der seine begrenzten Mittel aus seinem willkürlichen Geist erschöpft und den Mächten des Todes, des Nicht-Lebens, ausgeliefert ist.

Zwingt uns jetzt der Zustand der Unmenschlichkeit, in dem wir uns befinden und der uns wider Willen zum Unheil allen Lebens werden läßt, zu einer Besinnung und zu einer Rückverbindung mit der in uns wesenden Kraft des Schöpfers? Stehen wir vor der Bewußtwerdung unserer geschöpflichen Verkehrtheit, aus der alle Not und alles Verderben unseres Lebens entspringen? Wird der Mensch sich selbst erkennen als Geschöpf, das vom Wirken des Schöpfergeistes abhängig ist, soll seine Schöpfung sich nach dem Willen des Schöpfers entfalten?

Die Folgen der Sonderung des Menschen vom Schöpfer und Urheber seines Lebens nehmen in einem solch erschreckenden Umfang zu, daß wir durch die Entwicklung unseres willkürlichen Geistes bereits vor der Möglichkeit des Unterganges unserer Welt stehen. Wir stellen die Kraft des Schöpfers, die uns innewohnt, in den Dienst *unseres* Willens und erleben dabei, wie sie sich verhängnisvoll auswirkt. Anstatt uns als Geschöpfe in ihren Dienst zu stellen, um von ihr bewirkt zu werden zu ihrer Offenbarung durch uns, haben wir uns angewöhnt, sie unter die Herrschaft unseres Willens zu stellen, und so erleben wir die uns verderbenden Folgen davon in Not auf Not. Solange unsere geschöpfliche Verkehrtheit währt, haben wir nur weiteres Unheil zu erwarten, und so werden wir mit aller Klugheit von uns aus den Zusammenbruch unserer Welt nicht aufhalten können.

Als Geschöpf vermag der Mensch nicht sich selbst Sinn und Ziel zu geben, ohne der Sinnlosigkeit und der Entartung anheimzufallen. Was der Schöpfer geschaffen hat, kann nur Er vollenden. Seine Kraft ist in uns, aber wir leben nicht auf sie ausgerichtet. Wir werden schon von Kindheit an den Mächten einer geschöpflichen Verkehrtheit ausgeliefert und erzogen, ihnen zu dienen. So geraten wir unter den Fluch des verlorenen Sohnes und erleben unsere Unfähigkeit, unseren geschöpflichen Auftrag zu erfüllen, Gottes Kraft und Weisheit durch uns in individueller Vielfalt zu offenbaren. Wir werden keine Menschen im Sinne des Schöpfers, und wie können wir dann uns zum Heil der uns anvertrauten Schöpfung auswirken! Nur Gott offenbart Gott, und da Gott alles in allem ist, ist es eine Voraussetzung für die Erfüllung unseres geschöpflichen Sinns, daß wir im Bewußtsein seiner Kraft in uns leben und sie ausstrahlen.

*****

Wir müssen an unserer mit Unheil, Unmenschlichkeit und Ungöttlichkeit erfüllten Geschichte erkennen, daß wir als Menschheit noch nicht begreifen, in welcher Weise wir als Geschöpfe abhängig sind von der bewußten Hinwendung zur Kraft des Schöpfers, aus der wir geschaffen sind. Wir werden in eine Menschheit hineingeboren, die in einer geschöpflichen Verkehrtheit lebt, ohne unsere Abhängigkeit zu erkennen vom Wirken des Schöpfergeistes, aus dem alles Leben entspringt. So werden wir in dieser Verkehrtheit erzogen, von Kindheit an dazu gezwungen, uns nach den hier herrschenden Vorstellungen vom Sinn des Lebens zu richten. Damit geraten wir unter den Fluch des verlorenen Sohnes und erleben die Folgen davon in Not auf Not, wir gehen in die Irre und sterben, ohne unseren geschöpflichen Sinn erfüllt zu haben, ohne der uns innewohnenden Kraft des Schöpfers gedient und ohne sie offenbart zu haben. Das Gewisse und Absolute in uns, das göttliche Geheimnis allen Lebens, unsere spirituelle Wirklichkeit, wird nicht in unser Bewußtsein einbezogen, und wir erkennen es nicht als die Kraft, die allein die Menschwerdung im Sinne des Schöpfers bewirkt.

Der Mensch erlebt sich selbst nicht als Geschöpf, das vom Wirken des Schöpfergeistes in sich abhängt, um fähig zu werden, seinen geschöpflichen Auftrag zu erfüllen. Er bleibt unwissend um die in ihm wesende spirituelle Wirklichkeit, verharrt dadurch in der Enge seiner eigenen und der Menschheit willkürlichen Geistigkeit und verliert so seinen Sinn, den Schöpfergeist durch sich in individueller Vielfalt zu offenbaren. Dadurch entstehen alle Not und alles Verderben menschlichen Lebens, wenn diese für die Menschwerdung notwendige Einheit zwischen Schöpfer und Geschöpf nicht als die Voraussetzung für die Erfüllung unseres Seins erkannt wird. Wir leben alle begrenzt und getrennt in der Erscheinungswelt, ohne die Notwendigkeit zu erkennen, als Geschöpfe jeden Augenblick der Verbindung mit der Kraft des Schöpfers bewußt zu sein, aus der alles Leben entspringt.

*****

Wenn wir uns selbst und unsere Mitmenschen beobachten, so können wir fortwährend erkennen, daß wir nicht von innen nach außen leben, sondern im Außen verhaftet sind und hier unsere Anregungen suchen. Wir horchen nicht auf das innere Leben unserer Seele, sondern richten uns nach den in dieser Menschheit herrschenden Vorstellungen vom Sinn des Lebens und lassen uns in ihren Dienst stellen. Es kommt uns nicht in den Sinn, der Schöpfer könne mit uns eine andere Absicht haben. Wir sind selbst die Vollstrecker des Gerichtes über unsere gottlose Welt. Wir selbst arbeiten, ohne uns dessen bewußt zu werden, auf den Untergang dieser aus unserer Willkür errichteten Welt hin. Wir leben noch außerhalb der Verbindung mit dem Leben des Schöpfers in uns, und wir ernten die Folgen davon in Not auf Not, ohne endlich aufzuwachen zu dem, was uns allein not tut; die Umkehr zum Geist des Schöpfers in uns, das Bekenntnis zu Christus, unserer Wahrheit. Würden wir uns von den Nöten und Unmenschlichkeiten, die wir erleben, befruchten lassen, damit sie ihre Ursache offenbaren und wir zu der Erkenntnis unserer Fehlhaltung dem Schöpfergeist gegenüber aufwachen, so würden wir erkennen, daß uns nichts anderes vor dem Untergang retten kann als allein unsere Richtigstellung gegenüber dem Schöpfer und unsere Unterordnung unter seinen

Willen in uns. Es geht nicht darum, einen Gott in fernen Himmeln anzubeten, sondern wir müssen seine Gegenwart in allem Geschaffenen anbeten, um so ständig in einer Synthese mit seiner Kraft zu verbleiben und dadurch von einer Entfaltung unserer Wahrheit zur anderen zu gehen als diese Kraft in Offenbarung, auf diese Weise zum Heil unserer Welt wirkend. Je inniger wir uns mit dieser Kraft in unserer eigenen und der Welt Schöpfung verbinden, um so lebendiger werden wir.

*****

Die Entwicklung des Menschen im Sinne des Schöpfers ist dadurch unterbrochen, daß der Mensch sich nicht als Geschöpf erkennt, obwohl er sich erkennen müßte als von der Kraft des Schöpfers in sich abhängig, um nach seiner Weisheit Mensch zu werden. Der Mensch hat sich von seiner Seele getrennt, die der Berührungspunkt ist mit dem Schöpfer. Er lebt aus seinem Verstand, gibt sich selbst Sinn und Ziel und muß dabei unter das Verhängnis einer geschöpflichen Verkehrtheit geraten. Der Mensch, wie er vom Schöpfer geschaffen und gewollt ist, kommt nicht hervor, sondern ein Pseudo-Mensch entsteht, der sich selbst und der ihm anvertrauten Schöpfung zum Unheil werden muß, weil er vom Heiligen in sich getrennt ist. Alles, was dieser Mensch tut, ist vergänglich und kann nicht beitragen zur Menschwerdung im Sinne des Schöpfers. Anstatt dessen trägt es bei zu einer zunehmenden Unmenschlichkeit des Menschen und treibt ihn immer weiter fort von seiner Wahrheit, die die Kraft des Schöpfers in ihm ist. Aus diesem Zustand einer sich ständig vertiefenden Selbstentfremdung muß der Mensch erlöst werden durch das Aufwachen und Erkennen der in seiner Schöpfung wesenden Kraft des Schöpfers. Die wahre Selbsterkenntnis als die Erkenntnis der in ihm wesenden Kraft des Schöpfers muß der Mensch gewinnen, soll er die Umkehr zu dieser Kraft erkennen als das für seine Heilung Notwendende. Das Verbleiben in der jetzigen Bewußtlosigkeit gegenüber dieser Kraft des Schöpfers in seiner Schöpfung, die allein die Menschwerdung bewirken kann, muß den Menschen in die Selbstzerstörung hineinführen und ihn zum größten Unheil der ihm anvertrauten Schöpfung werden lassen. Dieser Mensch ist kein Mensch, sondern er muß als Un-mensch bezeichnet werden. Seine willkürliche Tätigkeit zerstört fortwährend die Harmonie der Schöpfung, seine Ehrfurchtslosigkeit gegenüber dem Geheimnis des Schöpfers in seinem Werk zeugt fortwährend Unheil und Verderben. Anstatt sich in Liebe mit der Kraft des Schöpfers zu verbinden, die in ihm Leben bewirkt, stellt er diese Kraft in den Dienst seiner Willkür, und er glaubt sich im Recht, mit diesem Eigentum Gottes, das er ist, nach seinem Willen umgehen zu können. So kann er seinem Verderben nicht entrinnen, und er geht als eine verpaßte Inkarnation des Schöpfers zugrunde, heimgesucht von ständigen Nöten, ohne zu erkennen, was ihm allein not tut.

5. *Über Beziehungslosigkeit*

Solange unsere Seele als die Verbindungsstelle mit der Seele der Schöpfung, als ihre Geistwirklichkeit, nicht in unser Bewußtsein einbezogen ist, bleiben wir isoliert, einem Persönlich- und Vergänglichkeitsbewußtsein verhaftet; und wir erfahren keinen lebengebenden und lebenerneuernden Austausch mit der Kraft des Schöpfers in allem Geschaffenen. Wir bleiben eingesperrt in einem Teil-Leben, ausgeschlossen aus der Einheit allen Seins im Ursprung, und wir wachsen nicht hinein in die Macht der Gottes-Kindschaft. Gottes Kraft und Weisheit, die sich als Schöpfung und immer wieder Schöpfung manifestieren, müssen von einem jeden Geschöpf angenommen werden, damit es seinen Sinn im Zusammenhang des Ganzen erfüllt. Diese Einheit zwischen Schöpferkraft und der von ihr ausgegangenen Schöpfung erleben wir ständig in der Schöpfung um uns, und wir können erkennen, wie diese Einheit die Voraussetzung ist für die Erfüllung eines jeden Geschöpfes.

*****

Der im Ego, in einem Teil-Leben im Vergänglichen, verbleibende Mensch kann deshalb nicht die wirkliche Liebe vollziehen, sondern er bleibt der Begrenztheit einer Pseudo-Liebe verhaftet, die ständig bedroht ist vom Vergehen, weil sie vergänglich und vorübergehend ist. Sie entspringt nicht aus dem Erleben der Einheit im Ursprung und entbindet nicht die unerschöpflichen Kräfte des Göttlichen in uns. Wir bleiben bei aller noch so leidenschaftlichen Liebe zueinander im Wesenhaften nicht angesprochen und gehen aus Enttäuschung wieder auseinander, wenn die Hoffnung auf eine noch größere Liebe aufleuchtet. So gehen wir Menschen von einer Liebe zur anderen, in der aussichtslosen Hoffnung auf jene befreiende und heilende Liebe, die uns aus dem Zustand der inneren Einsamkeit und Selbstentfremdung erlöst. Diese kann aber nur erlebt werden, wenn wir den Durchbruch zu unserer eigenen Seele finden, dadurch Zugang bekommen zur Seele unserer Umwelt und der Liebe fähig werden, die nicht das ihrige sucht, sondern immer und überall die Verbindung mit der Seele in allem Geschaffenen. Dann erst können wir miteinander, mit uns selbst und mit der Schöpfung jene Liebe verwirklichen, die uns für immer miteinander verbindet: die Liebe zu Gott, die alles von Ihm ausgehende Leben umfaßt.

Dieses Wissen um die Bedeutung der Seele für die Entfaltung des wahren Menschen ist uns noch nicht vermittelt worden. Wir leben als Menschen noch seelenlos, von der Kraft des wirklichen Lebens in uns getrennt. Unsere Erziehung gilt der Ausbildung unseres Intellekts, unseres Verstandes, unter Ausschluß der Seele, weshalb wir auch keine lebengebende Verbindung mit uns selbst im Wesenhaften wie auch mit unseren Mitmenschen und mit der Schöpfung um uns entwickeln. Wir gehen wie Schlafende durch die Welt und können nicht teilnehmen an den hier wirkenden unsichtbaren Kräften des Schöpfers. Unsere Seele, die Verbindungsstelle mit der Seele aller Schöpfung, ist in unbewußte Bereiche verdrängt und reagiert nicht auf die Ausstrahlung seelischer Energien in allem, was lebt. So verarmen wir an Leben aus dem Ursprung und erleben unsere schmerzliche Beziehungslosigkeit zu dem Wesenhaften in uns selbst wie in der Umwelt. Wir leiden alle, bewußt oder unbewußt, an der inneren Beziehungslosigkeit zueinander, mitten in allen äußeren Beziehungen. Wir vermögen nicht vorzudringen zu dem Wesenhaften um uns, weil wir keine Beziehung zu diesem Wesenhaften in uns selbst entwikkeln.

*****

Das, was uns hindert an unserer Einswerdung mit der Kraft des Schöpfers in uns, ist unser willkürlicher Geist, der selbst die Herrschaft über unser Leben übernehmen will. Wir fragen nicht nach dem Willen des Schöpfers, sondern wir richten uns nach unserer eigenen und der Menschheit willkürlichen Geistigkeit und geraten so unter den Fluch der Sonderung von unserem Ursprung und Schöpfer. Damit ist bereits unsere Menschwerdung, wie sie der Schöpfer gewollt hat, unterbrochen, und wir entfalten diesen Pseudo-Menschen, der wir noch alle sind, und der sich für alles Leben um uns unheil auswirkt, weil er aus der Verbindung mit dem Heiligen in sich gefallen ist. Wer fragt nach dem Willen des Schöpfers, wer lebt in der Hinwendung zu seiner Gegenwart in uns und gehorcht seinen Weisungen! Der Mensch ist bereits so angepaßt an die Mächte, die in dieser gottlosen Welt herrschen, daß er sich nicht einmal ernstlich fragt, woher seine Nöte und Verderbnisse kommen, warum er mit allen seinen Anstrengungen nicht zum Heil seiner Welt werden kann. Nur das Aufwachen und das Erkennen der geschöpflichen Situation des Menschen und seine Umkehr zum göttlichen Ursprung können zu einer Erlösung aus dem Fluch der Sonderung führen.

6. *Über Krankheit*

Da der Mensch nicht auf seine Seele als auf seine spirituelle Wirklichkeit ausgerichtet lebt, ist seine Beziehung auch zu dieser Wirklichkeit in allem Geschaffenen um ihn unterbrochen, und er leidet unter dem Mangel an lebengebendem Einstrom der Schöpferkraft in sein Leben. Er verarmt an Leben aus dem Ursprung und wird ein Opfer von Erschöpfungen, Depressionen und Krankheiten, ohne die Ursache dieser Störungen zu erkennen und ohne die Verbindung mit seiner Seele aufzunehmen. Er hält es für das Los seines Lebens, zu leiden und mit zunehmenden Jahren immer unlebendiger, unempfindlicher und weniger aufnahmefähig für die Kräfte des vom Schöpfer stets ausgehenden Lebens zu werden.

*****

Unsere Nöte müßten erkennen lassen, daß uns etwas Entscheidendes zum Leben fehlt. Unsere Krankheiten und Entartungen sind Zeichen dafür, daß wir eine Kraft in uns kränken. Unsere Erschöpfungen und unsere Freudlosigkeit legen Zeugnis ab von unserer Sonderung von der unerschöpflichen Kraft des Schöpfers. Aber wir haben uns abgefunden mit einem Teil-Leben fern von dieser Kraft, und wir halten es für unser Los in dieser Welt, ständig bedroht zu sein von Unheil und Verderben. Wie können wir erlöst werden aus unserer Unwissenheit um die Gegenwart der Kraft des Schöpfers in uns? Ohne die Einbeziehung dieser Kraft in unser Bewußtsein und ohne ihre tägliche Anbetung kann sie sich nicht in uns entfalten, und wir werden die Folgen davon zu tragen haben in Not auf Not. Der Körper ist auf die Einheit mit dieser Kraft des Schöpfers angewiesen und wird Krankheiten und Entartungen ausgeliefert sein, wenn der Mensch keine Verbindung mit ihr aufnimmt. Die Kränkung unserer Wahrheit, die diese Kraft ist, muß das Leben in uns vermindern, und damit werden wir anfällig für Krankheiten und sterben, ohne unsere Aufgabe erfüllt zu haben, sie zu offenbaren.

7. *Über die Menschwerdung*

Angesichts der aus unserer geschöpflichen Verkehrtheit immer stärker werdenden Not unseres Lebens müssen wir zuerst und vor allen Dingen nach der Ursache dieser Not fragen, bis wir erkennen, was allein notwendig ist. Wir leben noch nicht das uns gemäße, vom Schöpfer gegebene Leben, und deshalb widerfährt uns Not als Zeichen, daß uns etwas not tut, und dieses Etwas ist die fehlende Verbindung mit der Kraft, aus der wir entstanden sind. Diese Kraft allein ist zuständig für unsere Menschwerdung, und nur wenn wir bewußt auf diese Kraft ausgerichtet leben und sie als unsere Lebenswirklichkeit schlechthin erkennen, beginnt unsere Erlösung aus den Nöten und Verderbnissen eines von ihr getrennten Lebens. Wir können nicht davon ausgehen, daß ein Baum Früchte trägt, losgelöst von seinen Wurzeln, und so können wir auch nicht erwarten, unseren Sinn als Menschen zu erfüllen, die Kraft des Schöpfers in individueller Vielfalt zu offenbaren, solange wir nicht auf diese Kraft bewußt ausgerichtet leben. Bewußt dieser Kraft zu leben und sich nach ihren Weisungen zu richten, macht uns erst im eigentlichen Sinne lebendig; denn diese Kraft ist das Leben, das vom Schöpfer ausgeht, und ihre Einbeziehung in unser Bewußtsein ist deshalb die Voraussetzung für unsere Menschwerdung im Sinne des Schöpfers, Ihm zur Offenbarung. Erkennen wir unseren Körper als Wohnstätte des Schöpfergeistes, so erkennen wir, daß unsere liebende Hinwendung zu Ihm und unsere Gehorsamkeit gegenüber seinen Gesetzen eine Notwendigkeit sind, soll der Schöpfergeist darin voll zur Wirksamkeit kommen.

*****

Die Rettung des Menschen aus der wachsenden Not seiner geschöpflichen Verkehrtheit kann nur geschehen durch seine Richtigstellung vor dem Schöpfer und durch ein Leben aus seiner Kraft, aus der er geschaffen ist, und die allein seine Menschwerdung bewirken kann. Ohne diesen Durchbruch zu seiner existentiellen Wahrheit, die diese Kraft in ihm ist, bleibt der Mensch unweigerlich unter dem Fluch der Selbstentfremdung und des Irrens im Vergänglichen und Willkürlichen, und er geht, ohne seinen Sinn erfüllt zu haben, zugrunde. Gleichgültig, welche Leistungen er durch die Aktivität seines willkürlichen Geistes aufzuweisen hat, er bleibt in der Sonderung von der Kraft des Schöpfers in sich eine verpaßte Inkarnation dieser Kraft und verfällt der Sinnlosigkeit.

Der Mensch ist immer auf der Flucht vor der Leere seines Lebens, getrennt von seiner spirituellen Wirklichkeit. Er ruht nicht in dieser Wirklichkeit, er ist sich ihrer Anwesenheit in sich noch nicht bewußt. Da sie aber seine Lebenswirklichkeit schlechthin ist, aus der er Leben aus dem Ursprung empfängt, entsteht dieses Vakuum, das er mit seiner eigenen Aktivität zu füllen versucht. Er stellt sich in den Dienst der in dieser Menschheit herrschenden Vorstellungen vom Sinn des Lebens, und er bemüht sich, seinen Verstand zu entfalten und seine Kenntnisse über die Welt der Erscheinungen zu erweitern, ohne jedoch dadurch in seine Menschwerdung im Sinne des Schöpfers hineinzukommen, die ihn fähig macht, seine geschöpfliche Aufgabe zu erfüllen, diese Kraft des Schöpfers durch sich auszustrahlen zur Belebung und Beseelung seiner Welt. Wir erkennen nicht, daß wir ohne die Einbeziehung der Kraft des Schöpfers, aus der wir geschaffen sind, in unser Bewußtsein nicht Menschen werden können nach der Weisheit dieser Kraft. Wir nehmen diese Schöpfung Gottes in die eigene

Regie, stellen sie in den Dienst unserer Vergänglichkeit und unterbrechen dadurch selbst das schöpferische Geschehen der Schöpferkraft in uns und liefern uns dem Tode aus, dem Nicht-Leben. Der vom Schöpfer gewollte Sinn leuchtet nicht auf, wir werden nicht zu seiner Offenbarung und erleben nicht die Menschwerdung als die Gottesoffenbarung durch uns. Auf diesem Weg der Sünde, der Sonderung von der allein menschbildenden Kraft des Schöpfers in uns, geraten wir immer tiefer hinein in den Zustand eines sinnlosen Teil-Lebens im Vergänglichen, und wir erleben immer bedrohlicher die uns verderbenden Folgen davon. Unser Körper, der von der Einheit mit dieser Kraft des Schöpfers, aus der er geschaffen ist, abhängig ist, um zu *leben,* um diese Kraft durch sich auszustrahlen zur Belebung seiner Umwelt, wird zum Opfer von Entartungen und Krankheiten, die ihn zugrunde richten, ohne daß er im Sinne des Schöpfers wirklich gelebt hat.

Eine Erlösung aus diesem Pseudo-Leben, zu dem wir ohne die Hinwendung zur Kraft des Schöpfers in uns verurteilt sind, kann nur geschehen durch einen Durchbruch zu dieser Kraft in uns. Wir müssen wiedergeboren werden, denn ohne diesen Einbruch der Schöpferkraft in unser Bewußtsein und ohne unsere Verbindung mit ihr können wir nicht befreit werden aus dem Fluch der Sünde als der Sonderung von ihren schöpferischen Kräften und Klarheiten. Wir müssen uns selbst in unserer Wahrheit erkennen als Schöpfergeist in dieser Offenbarung und uns mit Ihm ohne Unterlaß verbinden, damit er seine angefangene Schöpfung, die wir sind, zur Vollendung bringen kann. Diese Kraft des Schöpfers, die wir alle sind in individueller Offenbarung, muß von uns erkannt werden als *das Leben,* das uns lebendig und wahrhaft schöpferisch macht, als Christus in uns, unsere spirituelle Wirklichkeit, und wir müssen ohne Unterlaß dieses Leben anbeten, es in unserem Körper erkennen als die ihn vergeistigende Kraft des Schöpfers. *„Wer in Christus lebt, ist gerecht"*, er ist vor dem Schöpfer richtiggestellt, und die Kraft des Schöpfers vollendet nach ihrem Willen diese Schöpfung und strahlt heilend und erlösend von ihr aus.